ハッピー保育books ⑪

3.4.5歳児の年齢別目安つき　0.1.2歳児の遊びもプラス

保育者が まず 身につけておきたい

基本の遊びと広げ方

元・東京家政大学 児童学科 教授
佐藤暁子・著

〜幼児期にふさわしい遊びを〜

ひかりのくに

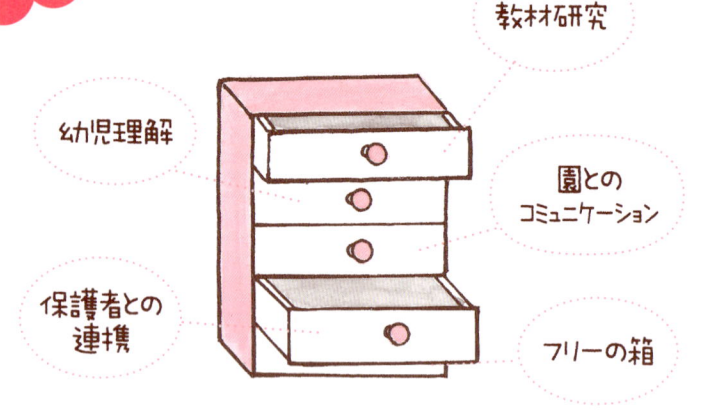

はじめに

教材研究
幼児理解
園とのコミュニケーション
保護者との連携
フリーの箱

保育者に必要な5つの引き出しを準備しましょう

　子どもたちは喜びと期待に満ちて、幼稚園・保育園・こども園にやってきます。新しい環境になじむまで、不安も抱えていることでしょう。そんな子どもたちの思いを受け止めながら、保育者のクラスづくりは始まります。子どもたちが「園は楽しい」「たくさんあそべて楽しかった」と思えるように、保育者は以下の5つの引き出しを用意し、学校や園で学んだこと、新しい発想や経験などでいっぱいにしていきましょう。きっと、あなたの保育を支える「宝箱」になるはずです。

❶「教材研究」…あそびの素材や方法について理解を深める
❷「幼児理解」…年齢別の発達を知り、個々の理解を深める
❸「園とのコミュニケーション」…その園で培われてきた方針を理解し、先輩・同僚保育者とのチームワークをはかる
❹「保護者との連携」…保護者との信頼関係づくり
❺「フリーの箱」…自分の得意なこと、課題など

幼児期にふさわしい
あそびを工夫しましょう

　興味や関心を呼び起こされる「あそび」があれば、子どもは集中して取り組み、その中で発達が促されていきます。子ども同士のかかわりあいも、多くはあそびのやりとりの中で育まれます。子どもの興味を引き出し夢中になれるよう、あそびに工夫を凝らすことは保育者の腕の見せ所ともいえるでしょう。

　ただ、ここで忘れてならないのは、園でのあそびは「単におもしろがらせることが目的ではない」ということです。その時期の発達段階において、どんな目的で、そのあそびをするのか。そのためには、どのタイミングで、どんな環境が必要か、どんな用意をするのか、という視点で見直してください。単なる思いつきや刺激だけのあそびではなく、その時期の幼児にふさわしい新しいあそび・あそばせ方を、新鮮な発想力を生かして、どんどん工夫・開発していくことがとても大切です。

3歳

4歳

5歳

子どもの発達に合わせて単純から複雑なあそびへ

　子どもたちは身のこなし方や道具の扱い、歌やリズムなど、すべてのものごとを何度も繰り返しやって、全身で体験しながら身につけていきます。とはいえ、最初から難しいことをやろうとしても、子どもの意欲を失わせるだけ。反対にやさしすぎるものは、楽に習得できますが子どもの興味が持続しません。子どもの発達段階をよく見て、初めは単純なあそびから入り、少しずつ複雑なあそびにステップアップしていくことが大切です。

　例えば、歌ならハ長調で2拍子・4拍子のように歌いやすくシンプルなものから、やがてト長調になったり、4分の3拍子になったり。手あそびなら、2、3通りの動作から、何通りもの動作になったり、テンポを速くしたり。子どもたちの発達と習熟度に合わせて、単純なあそびから少しずつ複雑なあそびに挑戦していけるように、プランをたてておくといいでしょう。

そのとき、その子に合った言葉をかけることが大切

はじめに

　保育者が子どもの発達を土台として心やからだの特徴を理解することは大切ですが、それに縛られてもいけません。生まれ持った身体能力や手指の巧緻性、家庭環境による経験の差などで、子どもの発達度合はひとりひとり異なるからです。また、興味の方向性や性格によっても異なり、ひとりひとりに合ったことばがけも重要になります。例えば、外あそびのときに、慎重で用心深い子にはみずから行動をし始めるような励ましの言葉を、やや落ち着きがなく行動的な子には慎重に行動するように言葉をかけることがあります。ひとりひとりのそのときの状態に合った言葉をかけていくように心がけましょう。子どもたち全員に向かって話す言葉と違い、個人にかける言葉は受け止める側の重みが違います。子どもにとって「先生に認められた」「いっしょにやってくれた」という経験は、大きなはげましとなります。そのためにも、日ごろから個々の表情の小さな変化やしぐさ、目の輝きをよく見ていてほしいと思います。

目次

- **はじめに**

  保育者に必要な5つの引き出しを準備しましょう… 2

  幼児期にふさわしいあそびを工夫しましょう… 3

  子どもの発達に合わせて単純から複雑なあそびへ… 4

  そのとき、その子に合った言葉をかけることが大切… 5

  この本の特長と使い方… 10

1章 手あそび・指あそび

佐藤先生からのアドバイス

手あそび・指あそびは生活の潤滑油… 12

手あそび・指あそびの環境づくりが大切… 13

1 はじまるよ はじまるよ… 14
2 こどもとこどもがけんかして… 16
3 グーチョキパーでなにつくろう… 18
4 キャベツのなかから… 20
5 たまごのうた… 22
6 カレーライスのうた… 24
7 おべんとうばこのうた… 28
8 とんとんとん ひげじいさん… 32

9 おてらのおしょうさん … 34

10 アルプスいちまんじゃく … 36

11 おせんべ やけたかな … 39

コラム

音楽あそび「クイズ　ドレミファドン」… 31
0〜2歳児向けの　手あそび・指あそび … 40
いっぽんばしこちょこちょ
おでこさんをまいて

こんなときどうすればいい？　Q&A … 42

2章 からだを動かすあそび

佐藤先生からのアドバイス
ひとりひとりの子どもと向き合う「運動あそび」… 44
子どもたちが心とからだを弾ませてあそぶための工夫を … 45

1 ジャンケンあそび … 46

2 リズムあそび … 52

3 しっぽ取りゲーム … 58

4 イス取りゲーム … 60

5 フルーツバスケット … 62

6 かけっこ … 64

7 鬼ごっこ… 68

8 風船コロコロ… 74

9 的当てゲーム… 76

10 風船バレーボール… 80

11 すもう… 84

コラム
遊具あそび
フープ… 82　大縄跳び… 83
0～2歳児向けの　からだを動かすあそび… 86
ボートこぎ
もしもね（リズムあそび）
おいかけっこ

こんなときどうすればいい？　Q&A… 88

3章 身近な素材を使ったあそび

佐藤先生からのアドバイス
子どもの発達を生かして興味・関心を持つ造形あそびを… 90
事前準備をしっかりし、保育者がまずやってみよう… 91

1 新聞紙… 92

2 ペットボトル… 98

目次

3 牛乳パック… **102**

4 段ボール… **106**

5 紙筒・ストロー… **110**

6 紙コップ類… **112**

7 葉っぱ・木の実… **114**

8 毛糸・ひも… **116**

9 砂… **120**

コラム

素材を作る1　小麦粉粘土… **122**
素材を作る2　フィンガーペインティング… **124**
0～2歳児向けの　身近な素材を使ったあそび… **125**
ティッシュペーペー
楽器あそび

● **おわりに**… **126**

★ この本の特長と使い方 ★

- この一冊で、保育者として恥ずかしくない**基本の遊び**が身につきます!
- 「**きほんのあそび方**」からの広げ方も、いろいろなコーナーで解説しています。
- 今すぐ、どのページからでも実践に役だちます!

目からウロコ! ひとつのあそびが、おどろくほど広がる!

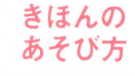

きほんのあそび方
基本的なあそび方の説明です。

POINT
気をつけておきたいことなど。

こんなときにも
プラスアルファとしての、保育で大切にしたいことなど伝授。

PICK UP
このあそびの楽しみ方を説明します。

あそびのヒント1
きほんから発展できる、あそびのバリエーションです。

発達MEMO
あそびを通して、子どもたちの発達を把握する方法を解説します。

言葉がけ
子どもが振り向く、先生のことばがけ例です。

プラスアレンジ
同じあそびでも、年齢や性格、状況に合わせて変化させるコツがわかります。

幼児教育の知恵袋
ベテラン先生からのアドバイスです。

「先生すごい! 楽しい!」
「まーね!」
「実はスゴいんです。この本…」

★ あそびのレパートリーの広げ方もわかります!

1章 手あそび・指あそび

場所を選ばず、ちょっとした合間でも
気軽にできる「手あそび・指あそび」は
子どもたちに人気のあそびです
発達に合わせた動きに工夫しましょう。

佐藤先生からのアドバイス①

手あそび・指あそびは生活の潤滑油

1 クラスの気持ちをそろえたいとき

道具を使わず、ほんの短い時間で楽しめるのが手あそび・指あそびの魅力です。歌を口ずさみながら手を動かすため、子どもたちも集中して楽しめます。子どもたちが夢中になればなるほど、「みんなでやると楽しいね」「わくわくするね」と、子どもたち全員の気持ちをしぜんにそろえることができるのです。

2 あそび以外の導入に

会や話しを始めるときの導入には、保育者が話しをする、ピアノを弾くなどさまざまな方法がありますが、手あそび・指あそびも大きな力を持っています。「みんな、こっちを見て！」「静かに！」と指示をしなくても、保育者や年長さんがあそび歌を始めたら、ほかの子どもたちもいっしょにやり始めます。

3 別のあそびに発展するきっかけに

手あそびから、別のあそびに発展させることもできます。例えば「おべんとうばこのうた」からお弁当の造形あそびに展開すれば、手あそびで生まれたワクワク感が生きて、想像力や意欲がわきたちます。歌詞の内容から食育や自然観察、絵本に発展させたり、手やからだの動きからお遊戯に移行するなど、大きな可能性が広がっています。

4 メインのあそびに

あそび歌には、ごく短時間でできる指あそびもあれば、あそびのメインとしてプログラムに入れられるものもあります。子どもの挑戦心を刺激して、どんどんやりたくなる手あそび歌などは、十分メインのあそびになるものです。いずれにしても、どのあそびをいつ、どのような場合に行なうかは、指導計画を念頭に置き、クラスの状況に合わせて決めましょう。

佐藤先生からのアドバイス②

手あそび・指あそびの環境づくりが大切

1 どんな空間？

どのようなあそびかによって適切な環境は異なります。スキンシップ型のあそびなら、お互いが近いほうが親密な雰囲気が出ますし、手足を大きく動かすあそびなら、適度な広さのある空間のほうがのびのびできます。立つか座るかも含めて、そのあそびがもっともおもしろくできる空間を考えましょう。

2 イス？じゅうたん？

イスに座ると、ひとりひとりの空間が確保されて、保育者が子どもたちの間を通って、回りやすくなります。じゅうたんに座ると、子どもたちはくっつき合い、親密でリラックスした雰囲気が生まれます。保育者と子どもとの距離も、大きな身ぶりを見せるか、小さな指づかいを見せるかによって、違ってくるでしょう。

3 並ぶ形状は？

あそびの内容やそのときの目的によって、並び方も変わってきます。子どもたちが輪になって座り、保育者がその中心にいる円形は、左右を教えるには向きませんが、まんべんなく目配りできます。保育者が前に出て、子どもたちと向き合って対面する形は左右を教えやすいですが、端の場所からは保育者が見えにくいことも。保育者が両腕を抱えるように、前に伸ばしてできる扇形（両腕の角度100度ぐらい）の範囲に子どもを座らせると、保育者が子どもを把握しやすいという特徴があります。

手あそび・指あそび 1　あそび以外の導入　3歳　4歳　5歳

はじまるよ　はじまるよ

作詞・作曲／不詳

1.	い	ち	と	い	ち	で	に	ん	じゃ	さ	ん	「ドローン」
2.	に	ー	と	に	ー	で	カ	ニ	さん	よ		「チョキーン」
3.	さ	ん	と	さ	ん	で	ネ	コ	の	ひ	げ	「ニャオーン」
4.	よ	ん	と	よ	ん	で	タ	コ	の	あ	し	「ヒューン」
5.	ご	ー	と	ご	ー	で	て	は	お	ひ	ざ	

きほんのあそび方

曲名のとおり、楽しくあそびながら「さあ、はじまるよ」という気持ちにみんながそろっていきます。3歳は2本指や3本指が少し難しいでしょう。その子なりに楽しめていれば、まねができるようになりますが、簡単な指づかいを教えても。

1〜5番同じように繰り返す

2〜5番は指を1本ずつ増やす

❶ はじまるよったら　はじまるよ　×2回
胸の前で「はじ・まる・よ」で3回手をたたく。

❷ いちといちで
胸の前で右手、左手の順にひとさし指を立てる。

言葉がけ

指がうまく出せないとき

チョキが難しい子には、「こっちのカニさんもあるよ」と、ひとさし指と親指でL字型の2をやって見せましょう。3本指もひとさし指と親指を折り、残り3本の指を立てて作る3でもかまいません。

1番

❸ にんじゃさん
手を縦に並べ、下になったひとさし指を握って、忍者のポーズ。

❹ ドローン
そのまま横に揺らす。

2番

❸ カニさんよ
チョキにした両手を外側に開く。

1 手あそび・指あそび

④ チョキーン
指をはさみのように動かす。

3番 **③ ネコのひげ**
3本指をほおに当てて、ネコのヒゲをまねる。

④ ニャオーン
そのまま両手を外側に開く。

4番 **③ タコのあし**
4本立てた指を下に向けて、タコのように揺らす。

④ ヒューン
すばやく泳いでいくように、手を横に振る。

5番 **③ 手はおひざ**
両手をひざの上に置く。

POINT
4番までは活発に、5番はスローテンポにし、「手はおひざ」で気持ちが落ち着くように調節する。

こんなときにも

何かと落ち着かない 新学期スタート日

長期の休みが明けて久しぶりに顔を合わせたら、お友達や先生に話したいことがいっぱい。そんなときは手作りのテレビ画面で「テレビで放送しよう」と誘いましょう。リモコンも作り、スイッチONで、『はじまるよはじまるよ』がスタート。保育者が「では、○○ちゃん、どうぞ」と紹介します。あいだに天気予報などを入れると、よりテレビらしくなります。

用意するもの
- テレビ画面の枠用の段ボール
- リモコン用の細長い空き箱、押しボタン用にペットボトルのふたなど
- 着色用の絵具または色紙

あそびのヒント 1

指で表せるものを子どもといっしょに考える

「この指で何ができるかなあ」と、指で表せるものをいっしょに考えましょう。思いがけない発想が飛び出すかも！

あそびのヒント 2

年長さんが主体となり年少さんに教える

年長さんは、前に立ってリーダー役になってもらったり、年少さんに教える役になってもらうなど、年長さんらしい役割を。

手あそび・指あそび 2

気持ちをそろえる　3歳　4歳　5歳

こどもとこどもがけんかして

わらべうた

こどもと　こどもが　けん　か　し　て　　くすりや　さん　が

とめたけ　ど　　なかなか　なかなか　とまらな　い

ひと　たちゃ　わら　う　　おや　たちゃ　おこ　る

きほんのあそび方

歌いながら両手の指を1本ずつ打ち合わせます。動きがこぢんまりしているので、子どもたちがくっついているような狭い場所でもOK。「ケンカしちゃったら、どうしようか?」と、歌詞の内容を保育に生かすこともできます。

❶ こどもとこどもがケンカして
小指と小指をトントンと7回打ち合わせる。

❷ くすりやさんがとめたけど
薬指と薬指をトントンと7回打ち合わせる。

❸ なかなか　なかなかとまらない
中指と中指をトントンと7回打ち合わせる。

❹ ひとたちゃわらう
ひとさし指とひとさし指をトントンと7回打ち合わせる。

❺ おやたちゃおこる
親指と親指をトントンと7回打ち合わせる。

発達MEMO

左右1本ずつの指を同時に動かし、さらにその指と指を打ち合わせるため、子どもの指先を鍛えるだけでなく、集中力も高める指あそびです。

手あそび・指あそび

こんなときにも
子ども同士の ケンカのあとに
仲直りを円満に

子ども同士がケンカをして仲直りができていれば、この指あそびが生かせます。みんなを集めたとき「○○ちゃんと△△ちゃん、ケンカしてどうだった？ いい気持ちだった？」と双方の気持ちを聞きます。「仲直りできてよかったね。でもたくさんケンカしていいよ。もっと仲がよくなるためにケンカがあるんだからね」と話して、この指あそびで終わると、子どもも笑顔が戻ることでしょう。仲直りができていないときは、歌ではやしたてることになるので禁物です。

あそびのヒント 1
指の名前がわかると別のおもしろさも

この指あそびは、小指、薬指、親指と、指の名前が歌詞に生かされています。特に覚えさせる必要はありませんが、「これは、子どもの指、これは薬指」と教えると、かけ言葉になっている歌詞のおもしろさに気づき、さらに楽しむことができます。

あそびのヒント 2
年長さんは指をしっかり1本出す

年長さんくらいになると、指先がスムーズに動くようになるので、歌詞に合わせて指を1本だけ出して、ほかは握るようにします。両指1本だけで打ち合わせるようにして、レベルをアップしてみましょう。

幼児教育の知恵袋
"まねる"ことで成長し、あそびは伝承されていく

身近なおにいさん、おねえさんの姿は、小さい子にとってはあこがれの存在。大人ほど自分から遠い存在ではないので、年長さんがお手本を見せると「ちょっと難しいけど、できるかな」「あんなおにいさん（おねえさん）になりたい！」そんな気持ちがかき立てられ、まねしようとします。伝統のあそびや歌は、こうして伝承されてきています。異年齢の交流時間をぜひ、生かしてください。

手あそび・指あそび 3

メインのあそび　3歳　4歳　5歳

グーチョキパーでなにつくろう

作詞／不詳　作曲／フランス民謡

1.〜3. グーチョキパー で　グーチョキパー で　なにつくろう　なにつくろう

1. みぎてがチョキで　ひだりてもチョキで　カニさん　カニさん
2. みぎてがパー で　ひだりてもパー で　ちょうちょ　ちょうちょ
3. みぎてがチョキで　ひだりてがグー で　かたつむり　かたつむり

きほんのあそび方

グー、チョキ、パーを組み合わせて、生き物や植物など、さまざまな形に見たててあそびます。「3つの形を組み合わせるとこんなのができるよ」と、まずは保育者がお手本を見せて、あとは子どもたちが自由に発想。想像力と表現力を養える手あそびです。

❶〜❸を2回繰り返す

❶ グー
両手を握ってグーにする。

❷ チョキ
両手のひとさし指と中指を出してチョキにする。

❸ パーで
両手を広げてパーにする。

1〜3番❹まで同じように繰り返す

❹ なにつくろう ×2回
両手を胸の前に出して左右に揺らす。

1番

❺ みぎてがチョキで ひだりてもチョキで
右手でチョキを作り、左手もチョキを作る。

❻ カニさん カニさん
カニのハサミのようにひとさし指と中指を動かす。

1 手あそび・指あそび

2番

⑤ **みぎてがパーで ひだりてもパーで**
右手でパーを作り、左手もパーを作る。

⑥ **ちょうちょ ちょうちょ**
両手の親指を重ねて、チョウが飛んでいるように手をひらひら動かす。

3番

⑤ **みぎてがチョキで ひだりてがグーで**
右手でチョキを作り、左手はグーを作る。

⑥ **かたつむり かたつむり**
チョキにした右手の甲に左手のグーを乗せてゆっくり動かす。

POINT
子どもの手が左右違ってもかまいませんが、保育者は対面した子どもがまねできるように、左右逆で行なうこと。

あそびのヒント 1

年中さんからは自由にアレンジしてみよう

年少さんには保育者が「○○ができたよ」とアレンジし、年中さんからは、自分でさまざまな発想が生み出せるよう、オリジナルの歌を考える機会をつくってあげます。子どもたちの作りたいものに対してアドバイスできるよう、保育者も想像力を発揮して。

あそびのヒント 2

年長さんはリレー形式で直観力を鍛えよう

歌のリズムに合わせて、次々とオリジナルを発表してもらいます。順番を決めてもいいですが、発表者が次に発表する子を選んでタッチする方法も。なかなか友達を選べなくて迷う子もいますが、これも決断力をつけるよい機会なので待ってあげましょう。日ごろあこがれている子や、仲のいい子にタッチするなど、子どもたちの関係の一端もうかがえます。

POINT
発表の順番は内気な子やお友達の輪に入れない子を先に。アイディアがほかの子と重ならないのでやりやすくなる。

こんなときにも

子どものいいところを見つける場に！
クラスの輪を広げたいとき

子どもたちが発表するアイディアに不正解はありません。「まちがえたらどうしよう」と不安感を与えないことも大切です。「わあ、いい考えだね」「2つもできたんだ」と、ひとりひとりに合った言葉で褒めましょう。同時にこのあそびは、クラスの輪にうまく入れずにいる子にスポットを当てるいい機会でもあります。「○○ちゃん、おもしろいこと考えたね！」と保育者が声をかければ、子どもたちも「○○ちゃん、すごい」とお友達を見直し、クラスの輪が広がっていきます。

手あそび・指あそび 4　あそびの発展　3歳　4歳　5歳

キャベツのなかから

作詞・作曲／不詳

1.〜6. キャベツ の なかから あおむし で
た よ
1. ピッ！ ピッ！ とう さんあ お むし
2. ピッ！ ピッ！ かあ さんあ お むし
3. ピッ！ ピッ！ にい さんあ お むし
4. ピッ！ ピッ！ ねえ さんあ お むし
5. ピッ！ ピッ！ あか ちゃんあ お むし
6. パッ！ パッ！ ちょう ちょに なっ ちゃった

きほんのあそび方

1番だけ見るとシンプルな歌ですが、キャベツから次々とアオムシが出現し、最後はチョウになって飛んでいくという物語が展開されていきます。その世界観を壊さない歌い方や指の動きを意識することが大切です。

1〜6番同じように繰り返す

2〜5番は指を順番に変える

1番

① **キャベツの　なかから　あおむし　でたよ**
胸の前で左手をグーにし、パーにした右手で包む。次に左右を逆にして同様に繰り返す。

② **ピッ　ピッ**
両手をグーにして胸の前で合わせ、右手から順に親指を立てる。

③ **とうさん　あおむし**
親指を曲げたり伸ばしたりする。

2番

③ **かあさんあおむし**
ひとさし指を曲げたり伸ばしたりする。

3番

③ **にいさんあおむし**
中指を曲げたり伸ばしたりする。

4番

③ **ねえさんあおむし**
薬指を曲げたり伸ばしたりする。

手あそび・指あそび

5番

❸ あかちゃんあおむし

小指を曲げたり伸ばしたりする。

6番

❷ パッ　パッ

右手から順に手を開く。

❸ ちょうちょに
なっちゃった

親指と親指を交差して、手のひらをひらひら動かす。

発達MEMO

左右1本ずつの指を曲げたり、伸ばしたりする動作は、子どもの指先を鍛えてくれます。

POINT

手の動きがよくわかるように、保育者は比較的近い距離で見本を見せる。

あそびのヒント1

フェルトで青虫を作って物語の世界を広げる

キャベツにアオムシが住んでいて、お父さんもお母さんもいる、やがてチョウチョになって飛んで行く……という物語の不思議さがこのあそびの大きなテーマです。手で見たてたキャベツの中から、本物そっくりのアオムシが出てきたら、子どもたちは驚きの声を上げ、何度でもやりたくなるでしょう。年長さんなら、子どもたちにオリジナルの指人形の製作をしても。

作り方

緑色のフェルトを指の長さ＋縫い代の長さの正方形に切り、二つ折りにして脇と指の先を縫い、ビーズなどで目をつけます。裏返せばアオムシ変身用の指サックに。アオムシ一家、それぞれに色を変えてあげると、出てくるたびに楽しくなります。

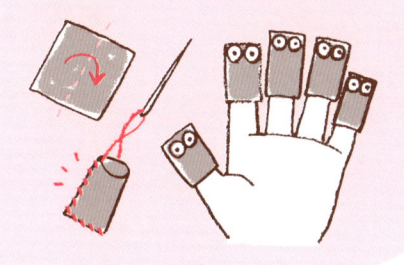

幼児教育の知恵袋

イメージした世界で楽しめるように工夫を！

子どもたちは、その歌の世界が自分の頭の中でイメージできると、その歌がもっと楽しくなり、何度もやってみたくなるものです。保育者は歌い方、手の動きでいかにそれらしく見せられるかを工夫しましょう。手あそび・指あそび以外にも、絵本の読み聞かせやペープサート、実物を見せるなど、子どもをその歌の世界に誘える適切な方法を選ぶことが大切です。

手あそび・指あそび 5

あそび以外の導入 / 3歳 / 4歳 / 5歳

たまごのうた

作詞・作曲／不詳

1. まるい たまごが パチンと われて かわいい ひよこが
   ピヨッピヨッ ピヨッ まーあ かわいい ピヨッピヨッ ピヨッ
2. かあさん どりの おはねの したで かわいい おくびを
   ピヨッピヨッ ピヨッ まーあ かわいい ピヨッピヨッ ピヨッ
3. あおい おそらが まぶしくてー かわいい おめめを
   クリックリッ クリッ まーあ かわいい クリックリッ クリッ

きほんのあそび方

たまごからかえったひよこのようすを描いている手あそび歌。ひよこのしぐさをその子なりの表現でまねてあそびましょう。「まあ　かわいい」は自分の感情を表現しているので、より感情を込めて動作をするようにします。

1番

❶ まるい たまごが
頭の上に両手で円を作る。

❷ パチンと われて
胸の前で1回手をたたく。

❸ かわいい ひよこが
両手で顔を隠して、「ひよこが」で開く。

❹❻ ピヨッピヨッ ピヨッ
両手を体の横に開いて下向きにし、上下に振る。

❺ まあ かわいい
両手を握って、あごの近くで左右に小さく振る。

2番

❶ かあさん どりの おはねの したで
両手を体の横で羽のようにはばたかせる。

1 手あそび・指あそび

❷ かわいい おくびを
ひとさし指を立ててほおに当て、首を左右に振る。

❸❺ ピヨッピヨッピヨッ
口の前で両手を上下に合わせてくちばしのまねをする。

❹ まあ かわいい
両手を握って、あごの近くで左右に小さく振る。

3番

❶ あおい おそらが
両手を上にあげて大きく広げながら下ろす。

❷ まぶしくて
右から片手ずつ目を隠す。

❸ かわいい おめめを
指で円を作り、片手ずつ目に当てていく。

❹❻ クリックリックリッ
両手の手首を上下に振る。

❺ まあ かわいい
両手を握って、あごの近くで左右に小さく振る。

あそびのヒント 1
たまごが登場する絵本を先に読み聞かせする

『たまごのあかちゃん』のようにたまごをテーマとしたお話、『ぐりとぐら』のような卵を使う絵本を読んだあと、「たまごの楽しい歌があるよ。やってみるから、まねしてね」と手あそびを始めると、子どものイメージがつながります。

あそびのヒント 2
ひよこ以外のたまごで手あそびをしよう

「たまごを作ってみたいね。○○ちゃんは何が入ったたまごがいい?」と、たまごと出てくるものをイメージするように語りかけてみましょう。「割れるときはどんな音がするのかなあ?」「どんな鳴き声が聞こえてくるかな?」など子どもたちに自由に想像してもらいます。アオムシのような小さな卵は小声でささやき、恐竜のような大きなたまごはやや低い声で、などめりはりをつけてあげると、物語に入りやすいです。

歌詞例

ちっちゃな たまごが
プチンと われて
なかから あおむしが
ニョキニョキニョキ
まあ ちっちゃい
ニョキニョキニョキ

おおきなたまごが
パリンと われて
なかから かいじゅうが
ガオーガオーガオー
まあ おおきい
ガオーガオーガオー

手あそび・指あそび ❻ あそび以外の発展 3歳 4歳 5歳

カレーライスのうた

作詞／ともろぎゆきお　作曲／峯 陽

```
1. にんじん    たまねぎ    じゃがいも    ぶたにく    お
2. おしお     カレールー   いれたら     あじみて    こ
3. ムシャムシャ  モグモグ    おみずも     ゴクゴク    そ

なべで      いためて    ぐつぐつにま   しょう
しょうを     いれたら    はいできあが   り     「どーぞ」
したら      ちからが    もりもりわいてき た    「ポーズ」
```

きほんのあそび方

子どもに大人気のカレーライスを料理している気分を味わえる手あそび歌。大きな鍋でおいしいカレーを作っている気持ちを表現しましょう。保育者が「にんじん」と歌うと、続いて子どもが「にんじん」と歌う、かけあいにしても楽しいです。

1番

❶ にんじん
両手でチョキを作り、胸の前で左右に振る。

❷ たまねぎ
両手を合わせて、胸の前でたまねぎの形を作る。

❸ じゃがいも
両手を握り、胸の前で左右に振る。

❹ ぶたにく
ひとさし指で鼻の頭を上に押す。

❺ おなべで
胸の前で、両腕を合わせて大きな円をつくる。

2番

❻ いためて
右手を左右に動かして、いためるまねをする。

手あそび・指あそび

❼ ぐつぐつ にましょう
両手を上に向け、握ったり、開いたりを繰り返す。

2番

❶ おしお
両手で調味料のビンを振るように手を上下に振る。

❷ カレールー
両手で四角を作る。

❸ いれたら
ルーを入れるまねをする。

❹ あじみて
ひとさし指を口に当てる。

❺ こしょうを いれたら
両手で調味料のビンを振るように手を上下に振る。

❻ はい できあがり
胸の前で手をたたく。

❼ どーぞ
両手を広げて上向きにし、胸の前に差し出す。

3番

❶ ムシャムシャ モグモグ
左手は胸の前で手のひらを上向きにしておき、右はスプーンを持って食べるまねをする。

❷ おみずも
片手でコップを持つしぐさをする。

❸ ゴクゴク
水を飲むまねをする。

❹ そしたら ちからが
両手を握り、片方ずつ上にあげる。

POINT
子どもはお料理に興味しんしん。おままごとやごっこあそびでカレー作りに誘ったり、本物のジャガイモやニンジンに触れる機会をつくると興味がさらに広がる。

最後に
ガッツポーズ！

⑤ もりもり わいてきた
両方の腕を曲げたり伸ばしたりする。

あそびのヒント 1

おうちのカレーで歌詞をアレンジしよう

「おうちのカレーには何が入っているかな？」と子どもたちに聞いてみましょう。「うちはエビ！」「リンゴ！」などバリエーション豊かな答えが返ってくるはず。家庭の材料を取り入れて、歌詞と動作をアレンジしてあそびましょう。

りんご
ヘェ〜

こんなときにも

本物が出てきてびっくり　給食がカレーの日

給食のメニューがカレーの日は、この歌がピッタリ。調理室からおいしいにおいがただよってくる中で歌うと、効果満点です。歌い終わると同時に、本物のカレーが出てきたら、子どもたちは大喜びするでしょう。

あそびのヒント 2

パネルシアターでオリジナルカレーを作ろう

パネルシアターでカレー作りを見せましょう。ジャガイモやニンジンのほか、子どもたちから「リンゴ入れて！」「チキン！」など、リクエストがあった材料も投入。絵を置くと落ちてこないパネルシアターのしくみにも好奇心を刺激されるはず。食材の絵は多種類を用意しておきましょう。もしまにあわないときは、「これがりんごね」と見たてて誘導を。次は子どもたちにもやってもらいましょう。

POINT
準備ができたら、パネルをセットして、あらかじめリハーサルをしておく。子どもが見やすいパネルの高さ、不織布のつきぐあいなども確認する。

用意するもの

- パネルシアター用のパネル
- パネルを固定する台（イーゼル、移動黒板など）
- カレーの材料や用具を不織布（Pペーパー）に描き、切り抜いたもの（食材のほか、なべ、なべのふた、レンジ、できあがりの絵）

あそびのヒント 3

歌と手あそびをミックス

『カレーライスのうた』であそぶ前に、「カレーライスを作るには、まず買い物してこなきゃね。じゃがいもやにんじんはどこに売っているかな?」と子どもたちに問いかけましょう。子どもたちの答えが返ってきたら、『やおやのおみせ』を歌い始めます。食材の名前を言っていき、必要な食材がそろったら「アーア」で終わります。1小節「やおやの」を変えれば、どんなお店にもできるので、肉屋、スーパーなどに変えても楽しめます。食材がすべてそろったら、『カレーライスのうた』であそびましょう。

POINT

リーダー役を1人決めておき、7小節目から野菜の名前を掛け合いで言う。リーダーが言ったものがやおやに売っていないときは、みんなが「ないよ」「ありません」と返す。

やおやのおみせ

作詞／不詳　フランス曲

やおやの　おみせに　ならんだ　しなもの　みてごらん
よくみてごらん　かんがえてごらん　{ リーダー／みんな　トマト　トマト／カボチャ　カボチャ　など }　アー　ア

手あそび・指あそび 7

あそびの発展　3歳　4歳　5歳

おべんとうばこのうた

わらべうた

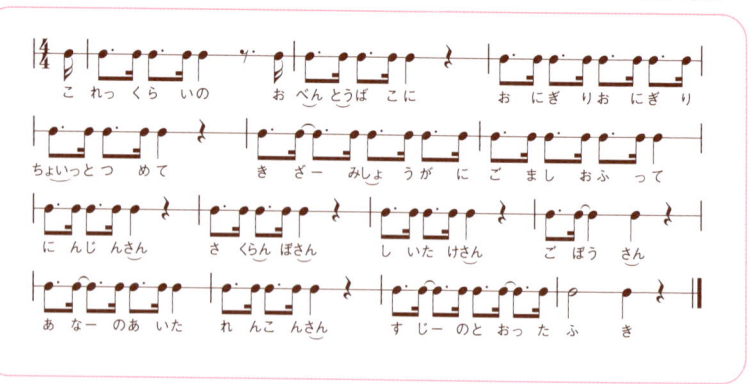

```
これっくらいの　おべんとうばこに　おにぎりおにぎり
ちょいっとつめて　きざーみしょうがに　ごましおふって
にんじんさん　さくらんぼさん　しいたけさん　ごぼうさん
あなーのあいた　れんこんさん　すじーのとったふき
```

きほんのあそび方

さまざまな食材を指の数で表現し、自分でしあげていくおもしろさを味わいます。保育者は子どもに指づかいをはっきりと見せるのがポイントです。子どもは自分なりに指を使って楽しんでいれば十分です。

① これくらいの おべんとばこに
両手のひとさし指を立たせ、四角を2回描く。

② おにぎり　おにぎり
両手でおにぎりをにぎるまねをする。

③ ちょいとつめて
お弁当箱におにぎりを詰めるまねをする。

発達MEMO

子どもたちのリズム感を養える手あそび。最初はゆっくり、だんだんテンポを上げていきましょう。保育者には正確なリズムが求められます。

あそびのヒント 1

指の出し方をレベルアップ！

年中さん以上からは、⑥〜⑨の振りで出す指を変えてみましょう。「にんじんさん」なら、「にんじん」で右手で2本指、「さん」で左手で3本指を出します。同様に「しいたけさん」は4本指と3本指、「ごぼうさん」は5本指と3本指で表現してみましょう。

手あそび・指あそび

④ きざみしょうがに
左手をまな板、右手を包丁にして切るまねをする。

⑤ ごましおふって
両手を握って、開いてゴマを振るまねをする。

⑥ にんじんさん
両手で2本指を出して、左右に振る。

⑦ さくらんぼさん
両手で3本指を出して、左右に振る。

⑧ しいたけさん
両手で4本指を出して、左右に振る。

⑨ ごぼうさん
両手で5本指を出して、左右に振る。

⑩ あなのあいたれんこんさん
それぞれの親指とひとさし指で円を作り、左右に振る。

⑪ すじのとおった
左手を伸ばし、右手で肩に向かってスッとなでる。

⑫ ふき
「ふ」で右のてのひらをフーっと吹き、「き」で前に出す。

あそびのヒント 2

お弁当箱のサイズを工夫

「次はゾウさんのお弁当を作ってみようか？」「ゾウさんのお弁当だから、どのくらいの大きさかな？」など子どもたちに言葉をかけて、両手を使って大きなお弁当箱を作りましょう。反対にアリやテントウムシなどの小さな生物のお弁当箱にしても盛り上がります。さまざまな動物のお弁当を話し合ってみましょう。

あそびのヒント 3

**さまざまな具を使って
オリジナルのお弁当を作る**

「〇〇ちゃんが作ってみたいお弁当は？」「どんなおかずを入れようか？」と、オリジナルのお弁当を作ってみましょう。数字にからめた指の表現だけにこだわると、おかずが限定されてしまいます。全身を使った自由な発想と表現で楽しむことが大切です。また、手あそびに限定せず、パネルシアターであそんでも。事前にさまざまなお弁当のおかずを用意しておきましょう。

こんなときにも

**遅れてくる子が出てしまう
お昼ごはんの前に**

昼食前に「さあ、みんな手を洗ったかな？」と聞くと、「〇〇ちゃんがまだー」ということがあります。そんなとき「じゃあ、お弁当を作って待っていようか」と歌であそべば、待つのが苦になりません。遅れてきた子どもにも「早くしなさい。みんな待っているのに」と怒ることもなく、みんなで気持ちよく食事を始めることができます。

あそびのヒント 4

お弁当で造形遊び

手あそびでお弁当のイメージを膨らませたら、次は造形あそびの意欲がわいてくるでしょう。からのお弁当箱を描いた台紙に、色紙をおかずに見たててはっていきます。用意する色紙は、リアルな形にせず、自由にイメージできるようにさまざまな形にしておくのがポイント。迷っている子には「〇〇ちゃん、何を入れたいの？」と気持ちを引き出し、「じゃあ、どれをリンゴにしようか？」と色紙を選ぶのは本人に任せます。「〇〇ちゃんのリンゴだね、おいしそうだね」と、自分で選んだものを認めてあげることで創造性や自発性が育まれます。「何が入っているの？」「おいしそうだね」などそれぞれの作品に愛情を込めて、言葉がけをしましょう。

用意するもの
- お弁当箱になる台紙（長方形、円形 など）
- さまざまな形の色紙　● ノリ
- ノリを付けるときに下に敷く紙
- 手ふき

★ コラム ★
音楽あそび

♪クイズ ドレミファドン

POINT
年少さんには、ふだんよく歌っている歌を中心に選曲。『チューリップ』のようにハ長調2拍子で、メロディーが覚えやすいものにする。

1 手あそび・指あそび

きほんのあそび方

ピアノの音を聞いて、曲名を当てるクイズです。保育者の「さあ、始めるよ。何の歌かな？」との問いに子どもたちは、みんな一心に耳を傾けて、集中します。一生懸命記憶を探って、「わかった！」と言うときのうれしさ、気持ち良さで、何回もやりたくなるでしょう。

あそびのヒント 1

年中、年長さんはチーム対抗戦を！

3〜4つのグループに分かれて、チーム対抗戦も盛り上がります。各チーム1人ずつ順番に答えていき、正解の数が多かったチームの優勝。クラスの状態にもよりますが、年中、年長さんになると、前奏だけで当てられる子が増えるので、順のあたった解答者に合わせて選曲を工夫しましょう。

あそびのヒント 2

歌の内容を問題にしよう

歌詞に着目して、曲の内容を当てるゲームもおすすめです。たとえば『いぬのおまわりさん』なら、「どんな動物が出てくるでしょう？」と登場人物を当てるのもおもしろいです。保育者がピアノで伴奏したり、歌を歌ったりして、わかったところで解答します。

手あそび・指あそび **8**

あそび以外の導入　3歳　4歳　5歳

とんとんとん ひげじいさん

作詞／不詳　作曲／玉山英光

| とんとんとんとん　ひげじいさん　とんとんとんとん　こぶじいさん |
| とんとんとんとん　てんぐさん　とんとんとんとん　めがねさん |
| とんとんとんとん　てはうえに　キラキラキラキラ　てはおひざ |

きほんのあそび方

ほどよい速度と、わかりやすく大きな動きであそべるため、3〜5歳児が合同で集まる会でもみんなが楽しめるあそびです。保育者は「とんとんとんとん」という導入部分を歯切れよく、リズミカルに歌いましょう。

この歌詞部分は同じように繰り返す

❶ とんとんとんとん
両手のこぶしを上と下交互に打ち合わせる。

❷ ひげじいさん
両手をそのままあごの下に当てる。

❸ こぶじいさん
両手を握ったまま、それぞれのほおに当てる。

❹ てんぐさん
両手をそのまま鼻に当てる。

❺ めがねさん
両手の親指とひとさし指で輪を作り、目に当てる。

❻ 手はうえに
両手を上にあげる。

1 手あそび・指あそび

7 キラキラキラキラ
手をひらひら返しながら下ろす。

8 手はおひざ
両手をひざの上に置く。

POINT
子どもは楽譜ではなく、歌を耳で聞いて覚えていくので、歌の音がだんだん高くなっていくところを、保育者は正確に歌うように心がける。

あそびのヒント 1

「○○さん」を自由にアレンジしよう

「次は××マンでやってみようか。どうすればいいかな？」と子どもの好きなヒーローやキャラクターで歌詞をアレンジして、振りも作ってみましょう。「ぼくは、こうやって……××マン！」と、子どもたちそれぞれが豊かな発想であそびます。「じゃあ、今度は○○くんがリーダーになって、××マンをやるよ」と、子どものアレンジを発表するのもよい経験です。

あそびのヒント 2

年長さんは教える役割

異年齢の集まりで採用している定番の歌なら、年長さんはもうベテランになっているはず。年長さんに教える役を頼むと、責任感を持って年少さんに手ほどきをしてくれるでしょう。

こんなときにも

室内に散らばっている
子どもたちを集めたいとき

「とんとんとんとん」という、ノリのいいリズムで始まるので、歌やピアノでこの音が聞こえてくると、「あ！ひげじいさんだ！！」と、子どもたちはみんな集まってきます。子どもたちを集めたいのに、それぞれの活動をなかなかやめず、集まらないというときには、ぜひ試してみてください。保育者が「集まってー！！」と大声を張り上げるより効果的です。

手あそび・指あそび ❾ メインのあそび 3歳 4歳 5歳

おてらのおしょうさん

わらべうた

おてらの おしょうさんが かぼちゃの
たねを まきました めがでて
ふくらんで はな がさいたら 「ジャン ケン ポン!」

きほんの あそび方
相手と息を合わせて手を打ち合う手合わせ歌です。動きが単純なので、入門としてちょうどよいあそびです。2人組になって向かい合い、前半はお互いに右手で相手の左手をたたき、最後にジャンケン。初めはゆっくり行ないましょう。

❶ お
向かい合って、左手を上向きにし、右手で1回たたく。

❷ て
相手の左手を右手で1回たたく。

❸ らのおしょうさんが かぼちゃのたねを まきま
①②を繰り返す

❹ し
向かい合って、左手を上向きにし、右手で1回たたく。

❺ た
お互いの両手を胸の前で合わせる。

❻ めがでて
自分の胸の前で手のひらを合わせる。

1 手あそび・指あそび

⑦ ふくらんで
両手の指先と手首を合わせたまま、まるく膨らませる。

⑧ はながさいたら
両手の手首を合わせたまま、花のように指を開く。

⑨ ジャンケン
両手を握って、胸の前でぐるぐる回す。

⑩ ポン
ジャンケンをする。

あいこのとき
あいこになった場合は、「あいこで」のときにもう一度両手をグーにして、胸の前でぐるぐる回し、「しょ」でジャンケン。勝負が決まるまで繰り返しましょう。

POINT
「左手は固定、右手でたたく」が体得できているかよく目を配ること。手をまちがえる子どもには保育者が手を添えるなど手助けをして、楽しめるように配慮を。

あそびのヒント 1

2人から3人、4人……と増やしてみんなで円形になって楽しもう!

基本は2人1組ですが、1人ずつ増やして3人組や4人組でも楽しくあそべます。円になるように向き合い、左手はそのままで右手は右隣の人の左手にたたきます。人数が増えるほど、テンポの一致が大事になってきますが、みんなの息がそろってきたら、クラスでひとつの輪になってやってみましょう。成功したときは全員で達成感を味わえます。

幼児教育の知恵袋

あそぶ前に「せっせっせの よいよいよい」でお友達との呼吸を合わせる

手合わせ歌は、お互いの息が合わないとうまく続かないので、歌の頭にかけ声を付けると、助走がついて息が合わせやすくなります。その園によってもさまざまなかけ声がありますが、定番は「せっせっせの よいよいよい」。リズミカルで、子どもたちの気分も乗りやすいでしょう。

❶ せっせっせの
向かい合って手をつなぎ、上下に振る。

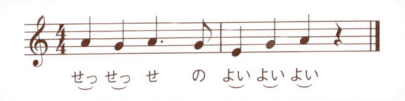

❷ よいよいよい
そのまま両手を交差して、上下に振る。

手あそび・指あそび 10 / メインのあそび / 3歳 4歳 5歳

アルプスいちまんじゃく

作詞／不詳　作曲／アメリカ民謡

アルプス いちまんじゃく こやりの うーえで アルペン
おどりを さぁおど りましょう ラン ラララ ラララ ラ
ラン ラララ ラララ ラン ラララ ラララ ラララ ラ「ヘイ！」

きほんの あそび方

2人ひと組で向かい合ってあそぶ手合わせ歌です。ほぼ1拍ごとに動きが変わるので、はじめのうちはゆっくりと、わかりやすく繰り返し教えましょう。子どもたちはマスターすると速度を上げたくなるので、クラス全体がにぎやかにあそべます。

❶ ア
向かい合って、胸の前で手を1回たたく。

❷ ル
手のひらでお互いの右手を打ち合わせる。

❸ プ
胸の前で手を1回たたく。

子ども同士で教え合うことも

手の動きが複雑なので、隣同士で教え合うように声をかけます。保育者がひとりの子に教える場合もありますが、「○○ちゃんがじょうずだから教えてもらったら」とじょうずな子を紹介すると、そこで子ども同士のコミュニケーションが生まれます。

言葉がけ

❹ ス
手のひらでお互いの左手を打ち合わせる。

手あそび・指あそび

❺ いち
手を1回たたく。

❻ まん
お互いの両手を打ち合う。

❼ じゃ
胸の前で手を1回たたく。

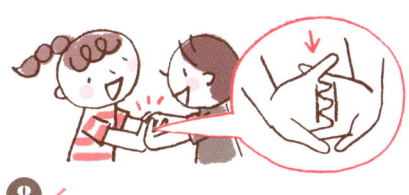

❽ く
両手を組み、裏返しながら伸ばして、相手と合わせる。

> **POINT**
> 手を組んで裏返すところは難関ポイント。1拍でできるようになるまで、ここは少しゆっくりと歌う。

❾ こや
胸の前で手を2回たたく。

❿ り
曲げた右手のひじに左手を当てる。

⓫ の
曲げた左手のひじに右手を当てる。

⓬ う
両手を腰に当てる。

⓭ えで
左手は伸ばして相手の右ひじに当て、右手は自分の左ひじに当てる。

> **POINT**
> 右手と左手が混乱しやすい子どもは、向かい合う相手に釣られて同じ側の手を出すことも。最初は対面にならないでやってもOK。

**⑭ アルペンおどりを　さあおどりましょう
ランラララララララランラララララララ**

①〜⑬を2回繰り返す

⑮ ランラララララララ　ラララララ

①〜⑬を繰り返す

---

⑯ ヘイ！

お互いの両手を上げて打ち合わせる。

あそびのヒント 2

だんだんスピードをアップ

この手あそびは、複雑な手順を速くやるのが醍醐味。みんなが手順を体得してきたら、だんだんとテンポを速くしていきましょう。ひととおりできる子も、さらに新しい目標ができると、挑戦心を燃やします。自由あそびの時間もこの歌であそぶようになってくると、保育者も太刀打ちできないくらいの速度でする子も出現します。

あそびのヒント 1

⑧の手のひら返しをやさしくアレンジ

⑧（P.37）の両手を組んで返すのが難しい子どもが多いときは、簡単なやり方に変更して楽しみましょう。⑥（P.37）と同じように両手を伸ばして打つなどにアレンジするのがおすすめです。

幼児教育の知恵袋

手合わせのタイミングがお互いに合わないとき

子どもたちのタイミングが合わないと、つかえたり止まったりして、気持ちよく続きません。どちらが遅い、速いといっても始まらないので、「じゃあ先生が音楽係ね」と、保育者がピアノや手拍子、歌でテンポを取ります。ふたりのそろいやすいテンポをさぐり当てて、調子が合ってきたら、ほどよい速さにリードしていきましょう。

手あそび・指あそび 11 / メインのあそび / 3歳 4歳 5歳

おせんべ やけたかな

わらべうた

おせんべやけたかな

きほんのあそび方
子どもの手をおせんべいに見たてて保育者が子どもの手を指さして回り、「な」の音に当たった手をひっくり返します。スキンシップが目的となるので、子どもの「大好きな先生にふれてほしい」という気持ちを大事に、優しい雰囲気を心がけて。

① おせんべ やけたか
手の甲を上にして両手を出し、保育者がその手の甲を順番に触れていく。

② な
「な」で手を触れられた子どもは、手をひっくり返す。

③
「な」で2回止まった子どもは、おせんべいを食べるまねをして手を引っ込める。最後まで残った子の負け。

POINT
手が少なくなってきたら「おせんべ　おせんべ……」と言葉を足してタイミングをずらしてもおもしろいでしょう。待たせすぎないよう注意。

こんなときにも

気持ちを落ち着かせたい
お昼寝前などに

保育者と子どもがくつろいだ気持ちになれるあそびなので、子どもの気持ちを落ち着かせたいときに向いています。活発な気分から落ち着いた気分に切り替えたいときや、お昼寝の前などにもいいでしょう。

★コラム★ 0〜2歳児向けの 手あそび・指あそび

スキンシップで愛情を伝えよう

0〜2歳児は手指の細かい動きがあるものや、お友達とテンポを合わせるようなあそびは向きませんが、歌いながらふれあうあそびには大喜びします。

"仲間といっしょ"よりも"保育者の愛情が伝わる心地良い刺激"のほうにより重みがあります。歌を手がかりとして、スキンシップで愛情を伝えましょう。

あそび1 いっぽんばしこちょこちょ

わらべうた

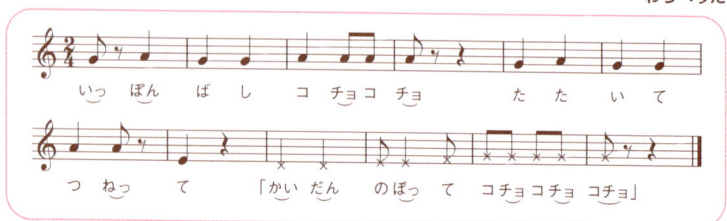

いっ ぽん ばし コ チョコ チョ　　たたいて
つ ねって 「かい だん のぼって コチョコチョ コチョ」

きほんのあそび方
指で手のひらをくすぐって、だんだんと腕を上っていきます。何度かやって子どもが「くるぞくるぞ」と予想するようになると、期待感でおもしろさは倍増します。おむつ交換のときに子どもの足でやってもいいでしょう。

① いっぽんばし
手のひらをひとさし指でなでる。

② こちょこちょ
手のひらをくすぐる。

③ たたいて つねって
手のひらを軽くたたき、軽くつねる。

④ かいだんのぼって
ひとさし指と中指で子どもの腕を上っていく。

⑤ こちょこちょこちょ
脇の下や体を両手でくすぐる。

POINT
手のひらをなでるところや階段を上るところは、保育者のぬくもりを伝えるようにしっかりとふれる。

あそび 2　おでこさんをまいて

わらべうた

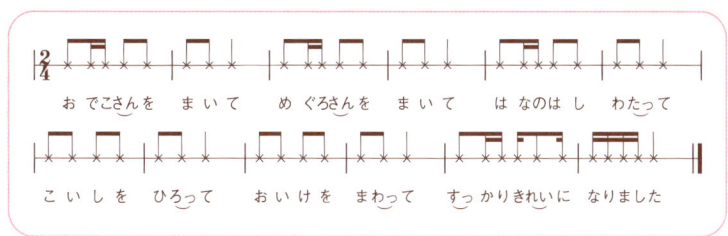

♪ おでこさんを　まいて　めぐろさんを　まいて　はなのはし　わたって
こいしを　ひろって　おいけを　まわって　すっかりきれいに　なりました

きほんのあそび方
歌いながら顔をなでるあそびです。子どもは皮膚感覚が敏感なので、なでるのはよい刺激。顔や体をふいてあげるときにもよいあそびです。「○○ちゃんのおでこさんをまこうね」のように、初めに名前を呼んで声をかけましょう。

❶ おでこさんをまいて
指でおでこをくるりとなでる。

❷ めぐろさんをまいて
目の周りをなでる。

❸ はなのはしわたって
鼻すじを伝う。

❹ こいしをひろって
小鼻の周りをなでる。

❺ おいけをまわって
口の周りをなでる。

❻ すっかりきれいになりました
顔全体をなでる。

POINT
歌いながら子どもと目を合わせる。寒い季節は、保育者の手を温めてから始めて。

1　手あそび・指あそび

★ コラム ★
こんなとき どうすればいい❓

Q & A

Q 大部分の子は手あそびを楽しんでいるのに、あまり乗らない子がいるときはどうすればいい？

A 楽しいと思えるのにも個人差があります。ことばがけから始めましょう。

手あそびは、最初から気に入る子もいるし、何回かやって、急に乗ってくる子もいるので少しようすを見ましょう。あまり気になるのなら、「○○ちゃんもやってみる？」と近くでやって見せると、積極的になることも多いです。ほかのあそびや歌でのようすを見て対応しましょう。

Q 学校で習った歌詞が、勤務先の園では違うのですが……？

A その園の伝統や教えを優先し、子どもを混乱させないようにします。

手あそび・指あそびは、伝承遊び。地域などによって、歌詞やふりに違いがあって当然なのです。ですが、同じ園内で先生によって違う遊び方を教えていては、子どもたちが混乱してしまいます。その園で、みんなで決めたあそび方を伝えていくことが大切です。

Q 3歳児に「おせんべいやけたかな」をしたところ、「自分も自分も」と寄ってきてしまいます。

A 3歳児は人数を3～4人に絞ってあそぶといいでしょう。

この歌は4歳児のクラスなら和やかに行なえますが、3歳になったばかりの子どもが多いと難しいでしょう。3歳ではまだ「自分が」の意識が強いので、3、4人が目安。人数が多くなった場合は、保育者は慌てず、その子の手に触れながら「待っててね、焼けたかな？」などと言葉をかけて、楽しそうに進めましょう。

Q 自分が手あそびを教えると先輩のときと違って、子どもたちのノリが悪いのですが……。

A 保育者からの一方通行にならないよう反応を受け止めながら楽しさを伝えましょう。

フレッシュな先生では手順をこなすことで精いっぱいで、子どものようすが目に入っていないことがあります。子どもたちに合わせて、緩急をつけるなどの心の通じ合いを心がけましょう。また、保育者が「おもしろいよ！」と本心から楽しむことも忘れないで。率直に先輩に相談するのも大切です。

2章 からだを動かすあそび

個々の身体能力を伸ばすだけでなく
お友達と競ったり、助け合ったりして
心とからだを育てていくのが運動あそびです。
日ざしの強い日の戸外あそびは、帽子を忘れずに。

佐藤先生からのアドバイス①

ひとりひとりの子どもと向き合う「運動あそび」

1 発達に合わせて少しずつステップアップ

子どもたちがのびのびと、運動あそびを楽しむためには、発達に合わせた明確なルール作りが大切です。同じあそびでも、3歳児は単純なルールで十分楽しむことができますが、5歳児には新しいルールをプラスし、どんどん複雑化させることで、よりおもしろくしていきます。ルールをステップアップさせる主導権は子どもに持たせ、保育者はうまく補助するようにしましょう。

2 楽しくあそぶには安全な環境をつくることが大切

子どもたちが楽しく、充実してあそぶためには、あそび道具や場所が安全であることが大前提となります。園内の環境や、遊具・用具にはあらかじめ配慮し、常に子どもたちが思い切ってあそべる準備をしておきましょう。危険だからといってあそびを制限する前に、何か安全対策はないのかを考えることが、保育者の役割です。

3 ひとりひとりが楽しい経験をできるように導く

子どもの身体能力や性格の違いから、あそびに得意、不得意はあるもの。ひとりひとりの能力や性格を見極めて、保育者は個々に対応することが大切です。例えば鬼ごっこ。足の速い子も、足の遅い子も、子どもたち全員が"楽しい"と思えるように、ルールを工夫したり、言葉をかけたりするなど、子どものようすを見ながらあそびを進めましょう。

4 「もう1回やりたい！」と子どもたちからの声が聞ければ成功！

子どもたちは、気に入ったあそびを繰り返しながら、楽しさを深め、仲間同士の世界を広げていきます。保育者が趣向を凝らしたあそびに対して、子どもたちが「先生、もう1回やりたい！」と笑顔を見せれば、そのあそびは大成功といえるでしょう。反対に盛り上がらないあそびは、発達に見合っているかどうかなどを見直す必要があります。

佐藤先生からのアドバイス②

子どもたちが心とからだを弾ませてあそぶための工夫を

1 あそびに適した環境を考える

あそびの内容によって、環境を整えることが大切です。室内と室外のどちらが適しているか、どのくらいの広さが盛り上がるのか、子どもの走れる距離になっているかなど、そのあそびを子どもたちが最大限楽しめるように工夫しましょう。

2 全身を使って遊ぼう

運動あそびは、全身を使ったあそびです。動かすのは、手や足だけではありません。お友達とふれあう、音楽を聴く、リズムを覚える、目で見て判断する、風を感じるなど、五感を意識することでさらにあそびのバリエーションが増えていきます。あそびを通して、何を子どもたちに体験させてあげられるのかを意識して、あそびを進めましょう。

3 子どものイメージが膨らむ工夫を

子どもは、ストーリーのあるあそび、想像力を膨らませるあそびが大好きです。遊具の見たてを変えたり、あそびの呼び名を変えるだけで、同じあそびが生まれ変わったりします。また、子どもたちの新鮮な発想を受け止め、イメージのキャッチボールをすることも大切です。

4 保育者も真剣に楽しんで遊ぼう

保育者は、運動あそびをスタートさせる呼びかけ人であり、プレイヤーであり、応援団であり、審判でもあります。今、どんな立場で参加したらいいのかを常に考えつつ、子どもとあそびの楽しさを共有できたらいいですね。子どもだけでなく、保育者も体と心を弾ませましょう。

2 からだを動かすあそび

からだを動かすあそび 1

室内・外 3歳 4歳 5歳

ジャンケンあそび

きほんのあそび方

「グー・チョキ・パー」それぞれの手の形を石・ハサミ・紙に見たてて、勝敗を決めるあそびです。あそびの役割や順番を決めるための方法としてもっとも公平であり、さまざまな歌やかけ声を加えて「ジャンケンゲーム」としてもあそべます。

あそびのヒント 1

ジャンケンリズムあそび

先生のまねっこするよ。いくよ〜

※ PICK UP

言葉のリズムを楽しむ

勝敗の意味がまだ理解できていない子は、ジャンケンのかけ声とリズムを楽しむようにしましょう。体を揺すったり、腕を上げたり、ふりを加えてもOK。保育者のまねをすることからジャンケンの形を理解していきます。

ジャンケン、ぽいぽい
どっち出すの〜

こっち出すの〜
もう1回いくよ〜

1 「ジャンケン、ぽいぽい」のかけ声とともに、片手ずつジャンケンの形を見せる。

POINT
両手で同じ形を出すよりも、違う形を出して見せたほうがおもしろい。かけ声も「ジャンケンじゃがいもほっかいどう」などに変えたり、リズムを変化させたり自由にアレンジして楽しめる。

2 「こっち出すの」と片方選んで前に出して見せる。子どもは声をかけ合い、保育者の出した手と同じ形を出すようにする。

発達MEMO
3歳児まではリズムあそびで十分ですが、ジャンケンの形や勝敗を理解できるようになったら、相手との勝負を楽しめるように少しずつステップアップしていきましょう。

あそびのヒント2 足ジャンケン

グー 足をそろえる
チョキ 足を縦に開く
パー 足を左右に開く

POINT
「ジャンケンポン」のかけ声とともに少しジャンプを入れると、足で形をとるタイミングを合わせやすい。

子どもの気持ち
わぁ〜足もチョキになっちゃったよ。おもしろ〜い。でも、こうしたらどうかなぁ……。

✴ PICK UP
手以外の形で楽しむ
グー、チョキ、パーは手を使う以外にも表現できるもの。いつものジャンケンに飽きてきたら、足や全身を使って、グー、チョキ、パーを考えてみましょう。子どもたちの発想を取り入れて、オリジナルジャンケンであそびます。

あそびのヒント3 ジャンケンのしくみを伝える

1 三すくみの構造を「パー」は紙、「グー」は石、「チョキ」はハサミで伝える。

用意するもの
● 紙　● ハサミ　● 石を各2組

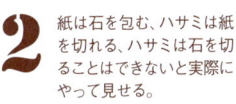

2 紙は石を包む、ハサミは紙を切れる、ハサミは石を切ることはできないと実際にやって見せる。

POINT
紙・石・ハサミじゃなくても、子どものわかるものであればOK。三すくみ状態になっていることがポイント。ここを理解することで、子どもの論理的思考の第一歩となる。

子どもの気持ち
ほんとだ、ハサミで紙は切れちゃったけど、石は切れないんだ。なるほど〜。

✴ PICK UP
三すくみを体験してみる
ジャンケンの勝敗はまず形から覚えるもの。勝敗を理解したら、なぜチョキはパーに勝つのか、その意味がわかると、ジャンケンはさらにおもしろくなります。言葉で伝えるのではなく、実際に体験することで、子どもは理解できます。

2 からだを動かすあそび

あそびのヒント 4 陣取りジャンケン

用意するもの
- 白い紙
- えんぴつ

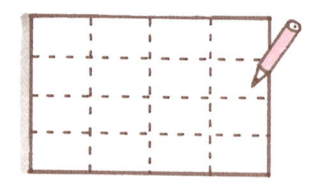

1 白い紙に16程度のマス目を作る。

POINT
紙にマス目を書かなくても、紙を4回畳んで広げれば、折り目でマス目が作れる。

※ PICK UP

勝負の楽しさを味わおう!

ジャンケンを何度か繰り返して、勝負の楽しさを味わう机上のあそびです。ジャンケンで勝敗が決まっていても、そこに陣地を埋めていくというルールを加えることで、子どもたちにとっては、新しいあそびに変わります。

2 ジャンケンをして勝ったほうが、マス目に自分の好きなマークを書き込んでいく。

POINT
マークは子どもの好きなものにして、同じマークを書いていくことを伝える。色違いのシールを使ってもOK。

3 マス目がすべて埋まるまでジャンケンをして、マス目を多く埋めた子が勝ち。

言葉がけ
くやしい気持ちを認める

単純なあそびですが、勝敗が目に見えてわかると、その分、勝つ楽しさと負けるくやしさの度合いも大きくなります。紙面に相手のマーク(陣地)が増えてくると本気で悔しがる子もいます。「くやしいよ」という子どもには、「そうだね、くやしいね」と共感の言葉をかけることが大切です。

プラスアレンジ
年齢に合わせてルールを複雑化する

年長さんくらいからは、「陣地は自分のマークの隣り合ったマス目しか取れない」などのルールをつけ加えると、より白熱します。ジャンケンに勝っても陣を取れなかったり、相手のマークを囲む作戦を立てたり、それぞれが頭を使ってゲームを楽しんでいきます。いずれ、オセロゲームなどにもつながるあそびです。

あそびのヒント 5

おたすけジャンケン

あるところにジャンケンの大好きな王子様とお姫様がいました。いつもジャンケンをして遊んでいます。では、王子様グループと王女様グループに分かれましょう。

※ PICK UP
室内でできるグループあそび

7〜8人から20人くらいまでを2グループに分けて、勝ったらお友達を助けられるルールで、ジャンケンの団体戦を行います。ただジャンケンをするのではなく、リズムあそびをプラスすることでおもしろさが増します。

POINT
導入は、物語にアレンジする（上記のほかに海グループ対山グループ、カッパの国と魚の国の対決など）と、子どもの期待感が膨らむ。

1 グループで1列になり左右に分かれる。その間に「離れ島」のスペースを作る。

POINT
人数が合わないときは、1人が2回行なうなどして調整を。

2 先頭の人から順に音楽に合わせて前に出てスキップしたり、走ったりなど自由に動き、音楽が止まったらジャンケンをする。

POINT
子どもたちが動きやすい軽快な音楽が盛り上がる。

3 ジャンケンで勝ったら列に戻り、負けた人は離れ島で待機。もしも離れ島に味方がいたら、勝った人はその子たちを助けて、列に戻してあげる。

助けにきたよ
ありがとう

4 列に残っている人数が多いグループが勝ち。

POINT
最後の人のジャンケン勝負で勝敗が決まるので、列の順番決めがポイント。気の弱い子は、先頭や最後は避けるなど、初めは保育者が決めたほうがよい。慣れてきたら、子どもたちで作戦会議をして順番を決める。

発達MEMO
学期の初めなど、まだ環境やクラスに慣れていない子どもたちの緊張をやわらげるときに効果的なあそび。お友達を助けることで、社会性の育ちにもつながります。

2 からだを動かすあそび

あそびのヒント 6

ドンジャンケン

室外

地面に2つの陣地を描き、その間（発達に応じてできるだけ長く距離を取る）を直線で結ぶ。ひとりずつ陣地から出て直線に沿って走り、相手陣地に向かい、出会ったところでジャンケン。勝った人はそのまま進み、負けた人は自分の陣地に戻る。負けたグループは、すぐに次の走者を出し、再び出会ったところでジャンケン。これを繰り返し、先に相手陣地に到達したグループが勝ち。

★ PICK UP

かけっこのスピードをプラス

ジャンケンとかけっこを組み合わせたあそび。2グループに分けて、ジャンケンして相手の陣地を取るゲーム。お友達と協力し合い、頭とからだを使います。平均台や1本橋などを使っても楽しめます。

発達MEMO

初めは、負けても次の走者がのんびりしていたり、早く走って距離を稼ぐ方が有利ということが意識できないかもしれません。陣地で待っている子どものようすから、状況の理解度、集中度などが見て取れます。

プラスアレンジ

陣地を3つに分けてあそぶ

年長さんには、陣地をひとつ増やしてもOK。2方向に意識を集中させなくてはいけないので、どういう順番で出ていくかなどを考える作戦タイムを設けてもいいでしょう。陣地と陣地を結ぶ線を蛇行させたりしてもOK。

あそびのヒント 7 たたいてかぶってジャンケンホイ　室内

用意するもの
- 丸めた新聞紙
- 防御するもの（帽子、段ボールで作った盾など）

☀ PICK UP

判断力を養える真剣勝負

ジャンケンで勝ったほうが攻撃でき、負けたほうは防御する単純なゲーム。2人で対戦するあそびですが、2グループに分かれての団体戦でも遊べます。3歳なら『あっちむいてほい』などもおすすめです。

1 2人で向き合って座り（できれば正座）、両者の間に丸めた新聞紙と帽子などをおく。「たたいてかぶってジャンケンホイ」のかけ声とともにジャンケンをする。

POINT
新聞紙でたたくときに、先が目に触れるなどの危険を避けるように指導を。「たたいてかぶってジャンケンホイ」のかけ声は、周囲の人、みんなで声を出すと盛り上がる。

2 勝った子は丸めた新聞紙を手に取り、相手の頭をたたく。負けた子は帽子をかぶってそれを防ぐ。攻撃を防げたらセーフ。これを繰り返し、相手をたたけたら勝ち。

発達MEMO
一瞬で勝ち負けを判断し、必要な物を選ぶゲームなので、反射神経と判断力を養うことができます。

幼児教育の知恵袋　ジャンケンは**偶然の勝敗**がもたらすからおもしろい！

道具も何もいらない、偶然性を利用して勝敗を決するジャンケンは、昔から世界各地で行われています。参加する人、みんなが公平な立場で決着をつけることができるのは、ジャンケンだけといえるでしょう。「だれにでも勝つ可能性がある」という点は、子どもの世界にとってとても重要なことです。気の強い子、弱い子、内気な子、積極的な子、体力のある子ない子など、どんな個性を持っていても、ジャンケンの前では平等。ジャンケンなら、大人との真剣勝負に勝つこともできます。だから、子どもはジャンケンが大好きです。負けても「よし、今度こそ勝つぞ」と思える心が、子どもの成長を助けるのです。

2 からだを動かすあそび

からだを動かすあそび 2

リズムあそび

室内・外　3歳　4歳　5歳

きほんの あそび方

ピアノ伴奏や教材音楽に合わせてからだを動かすあそびです。特に教材音楽は、さまざまな楽器が使われているので歌の物語がイメージしやすく、子どもたちがしぜんとからだを動かしたくなるユニークな音楽がたくさんあります。からだの成長はもちろん、子どもの発想力も養えます。

あそびのヒント 1

どうぶつたいそう1・2・3

作詞・作曲　阿部直美

1
うさぎさんのたいそうは
ピョーンピョーン　　　　　※A
ピョピョピョピョーン
うさぎさんのたいそうは
ピョーンピョーン　　　　　※A
ピョピョピョピョーン
まえに
ピョンピョンピョン　※B
うしろに
ピョンピョンピョン　※B
そろって123
げんきに1・2・3

2番はぞうさんで
※A　ドンドン　ドドドドーン
※B　ドンドンドン

3番はへびさんで
※A　ニョロニョロ　ニョロニョロー
※B　ニョロロロ

4番はあひるさんで
※A　ヨチヨチ　ヨチヨチー
※B　ヨチヨチヨチ

5番はゴリラさんで
※A　エッホエッホ　エッホホホー
※B　エッホッホ

★ PICK UP

自由に動いて 準備体操に！

教材音楽のひとつ。5種類出てくる動物のしぐさをまねして、その動物になりきってからだを動かします。からだを伸ばしたり、跳んだりするので準備運動にもおすすめです。

うさぎさん
へびさん
あひるさん
ぞうさん
ゴリラさん

POINT

動物のしぐさを表す擬態語の部分で、動物のしぐさをまねる。その子なりの表現を尊重し、自由に踊る。

あそびのヒント 2

ちびっこザウルス

作詞・作曲　阿部直美

2 からだを動かすあそび

1
おおきな　たまご
おおきな　たまご
ミシミシ　バリバリ
ミシミシ　バリバリ
ドカーンと　われた
「わぁ!!　きょうりゅうだ」

2
ちびっこザウルス
うまれたよ
おくびを　グーンと　のばして
しっぽを　フルルン　ふりました
グーン　ブルルルン
ルンルンルン（3回）
ちびっこザウルス　ベイビー
ちびっこザウルス　ベイビー
ちっちゃくたって
ちっちゃくたって
きょうりゅうだよ　イエイ
「わぁ!!　ちからもちだ」

3
ちびっこザウルス　おおあばれ
からだを　グルンと　まわして
あしを　ドンドン　ならします
グルーン　ドンドン　ドンドン
（3回）
ちびっこザウルス　ベイビー
ちびっこザウルス　ベイビー
ちっちゃくたって
ちっちゃくたって
つよいんだよ　イエイ
「わぁ!!　すごいなあ」

4
ちびっこザウルス　くたびれた
おくちを　アーンと　おおあくび
おめめを　そっと　とじました
アーン　ムニャムニャ
ムニャムニャ（3回）
ちびっこザウルス　ベイビー
ちびっこザウルス　ベイビー
おおきくたって　おおきくたって
あかちゃんだね　イエイ

★ PICK UP
音楽を聴いて自由に表現

教材音楽のひとつ。生まれたての赤ちゃん恐竜の物語です。恐竜になったつもりでからだを動かし、音楽をよく聴いてイメージに合う動きを考えていきましょう。

> 楽しい歌があるよ。こ〜んなに大きなたまごがバリバリ割れるよ〜

うまれたよ！
ちっちゃくたって
イエイ
グルーン　ドンドン
ムニャムニャ
ちびっこザウルス

POINT
保育者が楽しくやって見せると、子どもたちも動きはじめる。からだを伸ばしたり、足を打ち鳴らしたり、恐竜になりきって自由に表現する。

あそびのヒント 3

アブラハムの子

訳詞／加藤孝広　外国曲

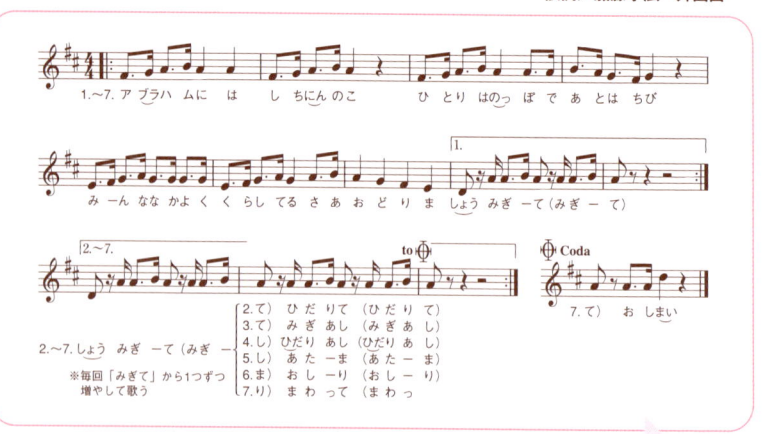

1.〜7. アブラハムには しちにんのこ ひとりはのっぽで あとはちび みーんななかよく くらしてる さあ おどりましょう みぎーて（みぎーて）

2.〜7. しょう みぎーて（みぎー
※毎回「みぎて」から1つずつ増やして歌う

- 2.て) ひだりて（ひだりて）
- 3.て) みぎあし（みぎあし）
- 4.し) ひだりあし（ひだりあし）
- 5.し) あたーま（あたーま）
- 6.ま) おしーり（おしーり）
- 7.り) まわって（まわっ

7.て) おしまい

PICK UP

このリズムあそびは、最初は右手だけ動かし、次は右手と左手、その次は両手と右足……と、歌が進むにつれて動作がひとつずつ増えていき、最終的にはからだの全部を使って踊ります。「みぎて」「ひだりて」などの歌詞部分では、保育者が先に歌い、子どもたちがそれに続くように、かけ合いを楽しみながら進めていきましょう。年長さんは、リーダー役を決めてもOK。また、右・左が理解できていない場合は、保育者は逆に踊り、テンポも速すぎないよう注意しましょう。

POINT

手足を伸ばしたり、大きく振ったり、1周回ったりするため、子どもたちがくっつき合わないように気をつける。ひとりひとりがのびのびと踊れるよう、なるべく広い空間を取ってあげることが大切。

1番

❶ アブラハムには〜踊りましょう

両手を腰に当て、ひざの曲げ伸ばしでリズムを取る。

❷ みぎて（みぎて）

かけ声を返しながら、右手を上にあげる。

2 からだを動かすあそび

2番

❶ アブラハムには〜 踊りましょう
右手を左右に大きく振る。

❷ みぎて（みぎて）
かけ声を返しながら、右手を上にあげる。

❸ ひだりて（ひだりて）
かけ声を返しながら、左手を上にあげる。

3番

❶ アブラハムには〜 踊りましょう
両手を左右に大きく振る。②〜③を繰り返す。

❹ みぎあし（みぎあし）
かけ声を返しながら、右足を前に出してつま先を上げる。

4番

❶ アブラハムには〜 踊りましょう
両手を左右に大きく振り、右足は床を踏む。②〜④を繰り返す。

❺ ひだりあし（ひだりあし）
かけ声を返しながら、左足を前に出してつま先を上げる。

5番

❶ アブラハムには〜 踊りましょう
両手を左右に大きく振り、両足で足踏みをする。

❻ あたま（あたま）
かけ声を返しながら、頭を左右に振る。②〜⑤を繰り返す。

6番

① アブラハムには〜 踊りましょう
両手を左右に大きく振り、両足は足踏みし、頭を振る。②〜⑥を繰り返す。

⑦ おしり（おしり）
かけ声を返しながら、おしりを左右に振る。

7番

① アブラハムには〜 踊りましょう
両手を左右に大きく振り、両足は足踏みし、頭とおしりを振る。②〜⑦を繰り返す。

⑧ まわって（まわって）
その場で1周回る。

⑨ おしまい
両手・両足を広げてポーズ。

注
最後の1周回るところは、子どもが回りすぎると目がまわって転ぶことも。周囲の安全に配慮すること。

こんなときにも
体をほぐす 準備運動の代わりに

歌が進むにつれて動かす部分がプラスされていくので、なかなかの運動量になります。全身を動かしているので、散歩前や鬼ごっこの前に行なうと、ほどよい準備運動にもなります。

プラスアレンジ
年長さんがリーダー役に

保育者が歌ってふりをするところは、子どもたちの中でリーダー役を選んでもいいでしょう。年下の子に教えるときは、年長さん全員でリーダー役をやってもおもしろいです。

あそびのヒント 4 ラウンドチェーン

作詞・作曲／不詳

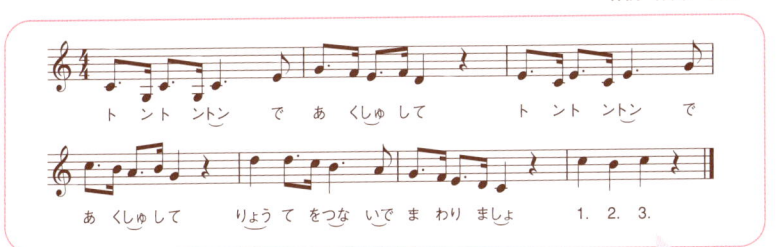

トントントン で あくしゅして トントントン で あくしゅして りょうて をつないで まわりましょ 1. 2. 3.

2 からだを動かすあそび

★ PICK UP

フォークダンスのように輪になります。ペアになって踊るので、人数が奇数のときは保育者が入って偶数にします。歩く歩数やリズムをまちがえると、踊る相手がわからなくなるので、リズムをはっきり刻みましょう。

①～②を繰り返す

① トントントンで
向かい合わせになり、胸の前で3回拍手する。

② あくしゅして
1回目は右手で握手、2回目は左手で握手する。

③ 両手をつないで
向かい合って両手をつなぐ。

④ まわりましょ
そのまま時計回りに半回転する。（相手と位置が入れかわる）

⑤ 1・2・3
手を離してくるっと後ろを向き、別の相手とペアになって、向かい合う。

POINT
最初にペアだったお友達と出会うまで続ける。子どもたちは「また会えた～！」ととても喜ぶ。半回転するところと、後ろを振り向くところをまちがえないようリズムと踊り方を保育者がモデルになりながら教える。

からだを動かすあそび 3

室外 | 3歳 | 4歳 | 5歳

しっぽ取りゲーム

きほんの あそび方

参加する子ども全員がおしり（腰）にしっぽを付けて取り合うあそびです。全員しっぽを付けて陣地に待機し、スタートの合図とともに陣地から出て、お互いにしっぽを取り合います。しっぽを取られた子は、陣地に戻ります。終了の合図でしっぽを残した子が多かったグループの勝ち。

用意するもの
- 人数分のしっぽ（30〜40cmくらいの紙テープやリボン）
- 布製テープ

がんばれー

POINT
逃げる範囲をあらかじめ決めておかないと、追いかけっこが際限なくなってしまうので注意。しっぽを隠すのはダメなど、反則も初めにはっきりとしておいたほうがよい。

発達MEMO
逃げて走る、相手と組み合ってしっぽを取られないようにするなど、運動能力や敏捷性の育ちにつながります。

注
しっぽの長さは子どもの体格に合わせて調整すること。長すぎると踏んでしまい、転倒するおそれがあります。

2 からだを動かすあそび

あそびのヒント 1 　1対1の勝負

各グループから1人代表が出て、1対1でしっぽを取り合います。時間内に取れなかったら引き分け。しっぽを取った人が多いグループの勝ち。

✻ PICK UP
スピードではなく相手の動きを見よう

グループ全員が同時にしっぽを取り合うのではなく、1人ずつ出てしっぽを取り合います。走って逃げるというより、柔道のようなボディタッチの多いあそびになります。最後は大将戦として盛り上げます。

あそびのヒント 2 　復活ルール

予備のしっぽを陣地に用意しておき、しっぽを取られたら陣地に戻ってしっぽを付け直して復活。勝敗は取ったしっぽの数が多い方を勝ちにする。

子どもの気持ち
よかったぁ～これで復活できる！　急いでみんなのところ戻らなきゃ！

✻ PICK UP
すぐ捕まっちゃう子がいるなら

開始早々にしっぽを取られてしまう子にとって、残り時間はとてもたいくつな時間に。しっぽを取られても、しっぽを付け直せば復活できるようにすれば、楽しめます。

あそびのヒント 3 　オリジナルしっぽ

用意するもの
- 2種類の動物のシッポ（ライオンのしっぽ／黄色の画用紙を細く丸め、先に毛糸の束を付けるなど）

ネコ対ネズミ、ウサギ対ライオンなど動物に分かれる。走り方や鳴きまねをしたりして、新たなルールを加えて動物になりきって楽しむと盛り上がる。

POINT
ウサギとライオンの場合、ウサギの方がしっぽが短いため、白熱する。

✻ PICK UP
イメージを膨らませよう

ライオン、ウサギ、ネコなど動物のしっぽに似せたものを用意して、子どものイメージを膨らましてあそびます。工作の時間に動物のお面を子どもたちが作り、いっしょにあそんでもおもしろいです。

からだを動かすあそび 4

室内 3歳 4歳 5歳

イス取りゲーム

きほんの あそび方

イスを輪に並べて、その周りを音楽に合わせて歩き、音楽がやんだらイスに座ります。イスの数は参加している人より少なくしているので座れなかった人は負け。最後に残った1人が優勝です。イスが並ぶ場所があれば何人でもできるあそびです。

用意するもの
- 人数分のイス
- 音楽（CDまたは演奏）

POINT
幼児の場合、ゲームに慣れるために、全員が座れるリハーサルが必要。音楽に合わせて動けるようになることが大切。歩くだけでなく、保育者が「スキップ！」「早足！」など指示を出して変化させてもOK。

発達MEMO
3歳児の段階では、音楽に合わせて動き、イスに座ること自体が楽しいもの。勝負がつくまでやらずに、子どものようすを見ながらゲームを終えましょう。

注
イスが少なくなってくると、イス争いが白熱してきます。どちらが座ったか判定しにくい場合は「ジャンケンで決める」「相手を攻撃したら失格」などあらかじめルールを決め、トラブルを避けましょう。

あそびのヒント 1

おひざセーフルール

2 からだを動かすあそび

1 保育者があそびに入り、座れなかった子どもに向かって「○○ちゃんおいで、先生のおひざがあいているよ」と呼びかけ、周囲の子どもたちにおひざに乗せてあげるとセーフということを知らせる。

✻ PICK UP
暇にさせない
イスに座れず、早いうちにアウトになった子どもは、その後、見ているだけになってしまいます。そこで、おひざに乗ってもセーフのお助けルール＝おひざルールを加えます。

おいで！

子どもの気持ち
ああ、先生のおひざがあいている。よかった……。

子どもの気持ち
おひざに座らせてあげれば、お友達を助けられるんだ……。

ぼくもあいてるよ！　おいで！

保育者が子どもに誘導　**言葉がけ**
自分からお友達とかかわるのが苦手なタイプの子でも、おひざルールになると、「おいで！」「あいてるよ」など積極的に声を出す姿が見かけられます。それでも、もしうまくいかないようだったら、「○○くん、△△くんのところ、あいているよ」など、保育者からも働きかけてみましょう。

2 再びイス取りゲームが始まったら、子どもたちからも「○○ちゃんおいでよ」と声が上がり始める。イスが半分になるまでは、全員が座れることになる。

注 子どもの体格から、転倒する恐れがあるのでおひざに乗せるのは1人だけにすること。

こんなときにも

スーパーお助けルールもあり
参観日には親子で！

おひざルールのイス取りゲームは、参観日などに実施するのにも適しています。親子混合の場合は、「おひざルールあり」と具体的に言わず、「助けられるときは、助けてもいいですよ」といった言葉にとどめておきます。イスに座っている大きなからだのお父さんのひざに子どもが3人、背中に抱き付いている子もいるといった、ユニークな勝負にが見られることも。どうにか助かろうと、子どもたちは一生懸命考えるので、おおいに盛り上がります。

からだを動かすあそび 5

室内 / 3歳 / 4歳 / 5歳

フルーツバスケット

きほんのあそび方

多人数であそぶのに適しています。子どもたちを3種類以上の果物のグループに分けます。イスを丸く並べて、人数よりも1つイスを減らしてゲームスタート。鬼が果物の名前を言ったら、そのグループだけが席を移動し、「フルーツバスケット」と言ったら全員で席を移動します。座れなかった子が次の鬼になります。勝敗は特になかったり、鬼になった回数によって終了したり、さまざま。あらかじめルールを決めましょう。

用意するもの
- 人数分のイス

POINT
果物を何種類にするかは参加人数によって変える。幼児の場合は、人数が多くても4種類くらいまでが適当。

鬼
円の真ん中に立つ。指示を出したら、鬼も空いている席に座れれば、鬼を交代できる。

プラスアレンジ

フルーツ以外のキャラクターでも

フルーツにこだわらず、全員が席を移動する言葉を作れば、野菜や動物、キャラクターなど好きなものでアレンジできます。子どもとアイディアを出し合ってみましょう。

幼児教育の知恵袋

わざと鬼になろうとする子には

鬼になりたくて、イスが空いてもわざと座らない子も出てくるでしょう。みんなに指示を出すのがおもしろいのでしょう。でも、それではゲームが深まっていかないので、保育者から働きかけをしてください。例えば、「すごい、素早い！」と移動して座れた子たちの健闘をたたえたり、「ギリギリセーフ、よかったね」など応援の声かけをすると、「鬼にならないほうがいいんだ」ということに気づきます。

あそびのヒント 1　いちごミルク

鬼は、「いちご」または「ミルク」といったらそのグループが動き、「いちごミルク」と言ったら、全員が移動します。あとはフルーツバスケットと同じ要領です。

「いちご」

発達MEMO

3歳児の場合、自分が何グループか理解するところからあそびが始まります。勝敗を決めるよりも楽しむことが大事。理解力、集中力がどれくらい進んできたか、あそびを通して把握できます。

POINT

鬼の指示に従っているか、子どものようすを見ながら、「○○ちゃん、いちごミルクは全員だよ」などの声かけを。

☀ PICK UP
3歳児が楽しめるルールに

フルーツバスケットの導入として、3歳児クラスに適したあそび。いちごとミルクの2グループに分かれるだけなので、途中で自分のグループがわからなくなることもなく、楽しめます。

あそびのヒント 2　お面を作ろう

用意するもの
- 画用紙
- 帯用の画用紙
- クレヨン
- 輪ゴム、ホチキスなど

1 画用紙にそれぞれグループの果物を描いて、切り取る。

POINT
リンゴ、バナナ、ブドウ、ミカンなど、特徴が描きやすいものを選ぶ。

2 帯の端をそれぞれ折り返し、間に輪ゴムを通して輪を作る。中央に①の絵をはり付ける。

☀ PICK UP
造形あそびをプラス

造形あそびの中にフルーツバスケット用のお面作りを取り入れることもできます。また、子どもたちもだれが何グループなのか、はっきり目で見えたほうがゲームを楽しめます。

完成

2　からだを動かすあそび

からだを動かすあそび 6

室外 ３歳 ４歳 ５歳

かけっこ

きほんの あそび方

スタートラインとゴールラインを決め、足の速さを競うかけっこ。単純ですが、2人から始められる手軽なあそびです。年齢や運動能力によって、障害物を加える、団体戦にするなど、さまざまにアレンジができます。

発達MEMO

3歳児の場合は、それほど速さに差がないのでみんなで駆け出すだけでも楽しめます。4歳になると、特に女の子では「お友達といっしょ」という気持ちが強くなり、お友達を待ってゴールする子も出てくるでしょう。この年齢の特徴としてとらえ、しからずその子の気持ちを尊重することが大切です。

POINT

スタートラインとゴールラインは子どもがきちんとわかるように。「よーい」で構え、「ドン」で走るというタイミングの確認も。

がんばれー

幼児教育の知恵袋

心とからだを育てる「かけっこ」

走ることは、運動能力のきほん。「かけっこ」という形でお友達と競い合い、「本気で走る」経験を重ねて子どものからだは育っていきます。日常的にできるだけ多く「かけっこあそび」を取り入れたいものです。しかし、5歳くらいになると、走力の差が目だって「どうせ負けるし」と、かけっこに消極的な子どもも。そんなときは、障害物を工夫して勝つチャンスをつくったり、がんばりを認める言葉がけをしたりするなど、子どもに自信をもたせるあそびの展開を意識しましょう。

2 からだを動かすあそび

あそびのヒント1 １周かけっこ

用意するもの
- カラー標識
- チームごとの色分け帽子
- アンカー用のたすき

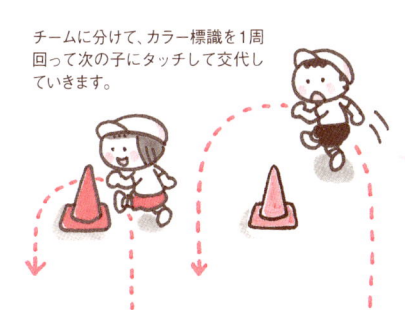

チームに分けて、カラー標識を1周回って次の子にタッチして交代していきます。

☀ PICK UP
直線からカーブへ

直線の距離を短くして、カラー標識などを置き折り返してくる単純なかけっこ。走りながら何かをプラスすることで、障害物競走やリレーへとつながる3、4歳児に適しています。

発達 MEMO

走りながら体を傾けることは3、4歳児には難しいもの。カラー標識を回りきれず大きく回ってしまう子、スピードを緩めてもカラー標識のギリギリを回りたい子、さまざまな走り方が見られます。保育者は「どうやったらうまくいくかな？」と声をかけ、子どもたちはそれぞれ研究するようになるでしょう。すると、お友達の走り方にも目がいき、うまい子を見て気づくようにもなります。

あそびのヒント2 大玉転がし

用意するもの
- 大玉

大玉を2～3人1組で転がしながらゴールまで運びます。

☀ PICK UP
ボールあそびをプラス

かけっこにボールあそびを組み合わせると、さまざまなレースが考えられ、1年を通してあそびが展開できます。

プラスアレンジ1
さまざまな大きさや形、材質のボールを使おう

ボールを持ちながら走ったり、つきながら走ったり、小さいボールを転がしながら走ったりと、大小さまざまなボールを使えばあそびは広がります。発達に合ったあそびを考えましょう。

発達 MEMO

走りながらボールを転がすため集中力が養えます。またお友達と協力することの楽しさや協調性も生まれます。

あそびのヒント 3 風とあそぶ

用意するもの
- 輪ゴム
- 紙テープ
- セロハンテープ
- ハサミ

輪ゴムに紙テープ（身長に合わせて50〜100cmくらい）を付ける。付けるテープは何本でもOK。

★ PICK UP
走ることを楽しむ

「本気で走る」経験をするために3歳児からできるあそび。ゲームやレースなど人と競うものではなく、しぜんと走ることが楽しくなれるように導き、運動能力を育てます。

言葉がけ
感動をわかち合う

全力で走って紙テープをなびかせたとき、子どもは誇らしい気持ちに。「見て、見て」という子どもの声をおざなりに受け止めず、子どもといっしょに感動し、たくさんの言葉で気持ちを共有することが大切。

完成

輪ゴムを手首に付け、両手を広げて走ると、テープがなびくように走る。

POINT
強い風が吹いていれば手を伸ばすだけでなびくので、初回は風のない日を選び、走るとなびく、風があるとなびくことに気づかせていくことが大切。

見て見て！

プラスアレンジ
風あそびのいろいろ

風になびかせてあそぶものを子どもといっしょに工夫してみましょう。

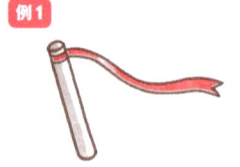

例1
ラップの芯の先に長い紙テープやリボンを付けて、手に持つ。新体操のリボンのように振り回しても楽しめる。

例2
風のある日はスーパーのレジ袋を持って走るだけでOK。向かい風で走ると、抵抗が強くなり、風の力の強さを感じられる。

あそびのヒント 4

リレーごっこ

用意するもの
- カラーリングバトン
- カラー標識
- アンカーのたすきなど

年長さんの花形種目　※ PICK UP

5歳児からは本格的なリレーにチャレンジ。あこがれの年長さんをまねっこできて、年少、年中さんたちのやる気もアップ！

チームを分けて、半周もしくは1周して次の走者に交代。バトンを受け渡しアンカーまでつないでいきます。

POINT
コーナーにはカラー標識などを置いて、わかりやすくする。

発達MEMO
チームでバトンを受け継ぐことにより、仲間意識が生まれてきます。「チームのためにがんばる」という社会性もはぐくみます。

プラスアレンジ

バトンいろいろ
リードを取ってバトンの受け渡しをするわけではないので、バトンの形は何でもOK。リボンと画用紙でチームごとのメダルを作り、首にかけて受け渡したり、小さなペットボトルを色づけしたりなど、いろいろと工夫できるでしょう。

言葉かけ

勝敗の不満がでたとき
自分の走力や、チームへの貢献度が目に見えるあそびなので、「○○くんのせいで負けた」といった言葉も出てくるかもしれません。リレーは、「みんなの力を合わせてがんばるもの」「だれかのせいにしていて、それで今度は勝てるのかな？」など、子どもに考えさせる機会にしてください。

2 からだを動かすあそび

からだを動かすあそび 7　　　室外　3歳　4歳　5歳

鬼ごっこ

きほんのあそび方

鬼がそのほかの子どもを追いかける運動あそび。屋外でのあそびとして古くから親しまれています。単純なルールなのでアレンジしたあそびも多く、逃げる範囲やルールをしっかり決めてから始めましょう。定番は、鬼にタッチされたら鬼になって追う側になる（増やし鬼）か、鬼と役を交代するパターンです。

POINT
ゲームの途中で鬼と逃げる子が交代したり、鬼が増えたりするので、「○○ちゃん捕まえた！」など大きな声をあげて周囲に知らせるようにする。帽子をかぶるなどで鬼をわかりやすくしてもOK。

まて〜〜！！！
つかまえた！
あーあ．
こうたい！

鬼
最初の鬼は、保育者がなるとあそびをうまくリードできる。逃げる子4〜5人に対して鬼1人が目安。

幼児教育の知恵袋

足の速い子・俊敏な子へのフォロー

鬼ごっこのようなアクティブな運動あそびになると、保育者の目はつい運動の苦手な子や不器用な子にいきがちです。しかし、いつも逃げ切るような足の速い子・俊敏な子をよく見てみると、簡単に逃げられてしまうので、集中力が途切れたり、心からあそびを楽しめずにいる場合もあります。そうした「できる子」をどうフォローするかも保育者の課題になります。足の速い子には、真剣にどこまでも追いかけたり、必死の形相で逃げたり。「本気出したのに逃げられたよ。どんどん早くなるね」と、保育者の本気を示すことが、その子の気持ちを満たし、成長につながります。

あそびのヒント1 高鬼

逃げる側は、鬼が近づいてきたら、地面よりも高いところへ上がれば捕まらずにすみます。ただし、鬼が近くにいて10数え始めたら、その場所から移動するようにします。10数え終わってもその場にいる場合は、鬼は捕まえられます。

☀ PICK UP
セーフルールをプラス

きほんの鬼ごっこをベースに、鬼から逃げられるセーフルールをプラスしたあそび。きほんの鬼ごっこよりも少ない人数で盛り上がります。

POINT
「地面から高いところ」の定義でもめることがよくあるので、「地面からだいたい30cm以上」「両足が乗らないと×」など、あらかじめルールを明確にしておくこと。

あそびのヒント2 色鬼

鬼は「赤」「黄色」「青」などの色を指示します。ほかの子どもは、指示された色を探しに走ります。色を見つけているあいだに鬼にタッチされればアウト、指示どおりの色が触れればセーフになります。

☀ PICK UP
"色探し"をプラス

きほんの鬼ごっこをベースに、頭も使ったルールを加えたあそび。特定の「色」を探そうとすると、見慣れた風景も違って見えてきます。

POINT
色の指示はさまざまに工夫を。「すいか!」という指示であれば、「赤」「黒」「緑」の3色がセーフに。季節感を盛り込んだ指示ができるとベスト。

発達MEMO
からだと同時に、頭と目も働かすため、集中力を養えるあそびです。保育者が鬼になったときは、見つけにくい色を選び、子どもが集中できるように働きかけてもいいでしょう。

2 からだを動かすあそび

あそびの
ヒント
3

3匹のこぶた

おおかみと3匹のこぶた（大兄さんぶた、ちい兄さんぶた、末っ子ぶたの）の4つのグループに分け、陣地を作ります。おおかみは陣地を出たら、こぶたのグループを指示し、指名されたグループは、違うこぶたの陣地に移動。おおかみは陣地から出たこぶたを追いかけます。捕まったらおおかみの陣地へ。こぶたが全員捕まったら終了。

☀ PICK UP

童話の世界をプラス

童話『3匹のこぶた』の物語性をプラスした鬼ごっこ。おおかみを鬼、こぶたを逃げる側の子という設定で、子どもたちのイメージを膨らませます。3歳児におすすめです。

POINT

陣地と陣地の距離をどれくらい取るかが大切。子どもの体力、参加人数、遊ぶ場所の広さなどを考慮すること。

陣地から出れない子どもに

言葉がけ

「つかまりたくないから」「こわいから」と、指示が出ても家から出たがらない子もいるかもしれません。その場合は、お助けルールを活用し、「困ったね。でも、捕まっても仲間が助けに来てくれるからだいじょうぶだよ」と励ましましょう。また、仲間を助けに行った子には「すごい、勇気があるね」といった称賛の言葉を忘れずに。

お助けルール

プラスアレンジ

仲間のこぶたがおおかみ陣地まで来て、タッチしてくれたら復活できる「お助けルール」を設定してもいいでしょう。

あそびのヒント 4 だるまさんがころんだ

2 からだを動かすあそび

※ PICK UP
動きを止める鬼ごっこ
走って逃げる鬼ごっこに、動きを止める要素をプラスしたあそびです。ストップモーションができるようになる4歳児以上に適しています。

1 壁や木、柱など固定物のあるところが鬼の陣地。ほかの子どもたちは離れた地点に並び、「はじめの1歩」で前に1歩進んでゲームスタート。

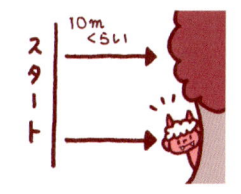

2 鬼は壁などの方向を向いて目をつぶり「だるまさんがころんだ」と唱える。唱えている間にほかの子は鬼に向かって進む。

3 鬼は言葉の最後の「だ」と同時に振り返り、ほかの子どもは動きを止める。鬼は動いたり、揺れてしまった子を見つけたら、その子の名前を呼び、手をつなぐ。

4 ①〜③を繰り返し、だれかが鬼の陣地に近づき、捕まっている子と鬼のつないだ手を切ったら、「切った」と叫び、全員一斉に逃げる。鬼は振り返り、「ストップ」と指示を出し、逃げる側はその場所で止まる。

5 鬼は「だるまさんがころんだ」と10歩だけ自陣から動き、触れる範囲の人にタッチして鬼を交代する。

プラスアレンジ
ルールを子どもたちで考える
単純なゲームほどアレンジが楽しいものです。例えば、5歳児くらいになると、みんな動かなくなるので、「楽器を弾いているポーズでストップ」「動物の動きで進む」などのルールをプラスしたり、手つなぎを切ったあとの鬼の捕まえ方を考えたり、アイディアを出し合ったりして楽しみましょう。

POINT
鬼が唱える「だるまさんがころんだ」のスピードは自由にアレンジ。最初は保育者が鬼になりお手本を見せる。

あそびのヒント 5 おおかみさん

訳詞／志摩桂　フランス曲

1～7
もりのこみち　さんぽにいこう
おおかみなんか　こわくないよ
おおかみなんか　こわくないよ
おおかみさん　おおかみさん

〔おおかみのセリフ〕
1 「ああ、いま起きたところだよ」
2 「いま、シャツを着ているところだよ」
3 「いま、ズボンをはいているところだよ」
4 「いま、上衣を着ているところだよ」
5 「いま、くつをはいているところだよ」
6 「いま、帽子をかぶっているところだよ」
7 「さあ、人間を食べに出かけよう」

☀ PICK UP

リズムあそびをプラス

教材音楽に合わせて、子どもたちが散歩しながらおおかみに呼びかけ、最後は鬼ごっこに。エネルギーを発散するので運動会でも盛り上がります。おおかみ役は保育者が務めますが、慣れてきたら子どもたちから希望を募っても。

❶ もりのこみち～こわくないよ

こどもたちは元気よく歌いながらおおかみの周りを歩く。

POINT
陣形は、おおかみを中心にして子どもたちが輪を作る。

❷ おおかみさん　おおかみさん

両手をラッパのようにして口に当てておおかみに呼びかける。

2 からだを動かすあそび

③ ああ いま、起きたところだよ

起き上がりながら、子どもたちに向けて答える。

④ いま〜ところだよ

おおかみのセリフ2〜6のとおりのジェスチャーをしながら、子どもたちに答える。

POINT
おおかみの声は、最初は優しい声を出し、だんだん低い怖い声にしていく。おおかみの耳やしっぽを付けると盛り上がる。ただし、お面はこわがらせすぎることも。

POINT
保育者がおおかみ役をやるとき、鬼ごっこでは本当にこわがっている子は捕まえないで。捕まえられてもだいじょうぶな子を選んで追いかけるようにする。

⑤ さあ、人間を食べに出かけよう

いちばん怖い声で答えたら、子どもたちは一斉に逃げ始め、おおかみ役はそれを追いかける。だれかが捕まったらおしまい。

あそびのヒント 1

おおかみの身じたくを増やす

出かけるまでの身じたくがおおかみのセリフになっています。何度かあそぶと子どもたちはおおかみがいつ追いかけ始めるかがわかるので、顔を洗っている、歯をみがいている、朝ごはんを食べている、カバンの用意など身じたくを変更すると、子どもたちは予想しにくくなり、スリルが増します。

あそびのヒント 2

子どもにいろいろな役を

おおかみ役以外に、おおかみを退治してくれる猟師役や、子どもたちをかくまってくれるお父さん・お母さん役など登場人物を増やしてあそんでもOK。物語の世界を作り、お芝居のおもしろさも加えられます。

からだを動かすあそび 8

室外 / 3歳 / 4歳 / 5歳

風船コロコロ

きほんの あそび方

ボールを転がしたり、転がってくるボールをよけたり、ボールを動的に使うあそびのきほんです。転がってくるボールを「風船」に見たてられるように言葉をかけ、ボールをよけるイメージを膨らませましょう。ボールが当たったらコートの外に出て、最後までコートの中に残った人が勝ちです。

用意するもの
- ドッジボール

外野
ボールに当たったらコート外に出て、保育者といっしょに外からボールを内野に向けて転がす役になる。

内野
ボールは風船なので、足や手で止めたり、けり返したりせずに、ひたすらよけるように走る。

コート
直径3mくらいの円を描く。

よけろ〜
わぁ〜！
あぶないよ！

さあ、風船が転がっていくよ。当たると破裂しちゃうよ

POINT
外野が増えてきたら、外野同士でボールを転がしてパスしたり、フェイントをかけたり、ゲームをおもしろくする要素を取り入れていく。

発達MEMO
手足の協応性、筋力などが発達してきた3歳児からあそべます。3歳児はボールを手で転がすことを楽しみますが、年齢が上がってくるとけりたくなってくるかもしれません。子どものようすを見ながら、ルールを変えていきましょう。

2 からだを動かすあそび

あそびのヒント 1 中当てドッジ

用意するもの
- ソフトなボール（大きさはドッジボール程度）

外野と内野に半分ずつ分かれ、攻撃は外野のみ。内野は投げられたボールをよけるか、取るかにする。ボールを当てられたらアウト。外野へ出ます。最後まで残った子が勝ちです。

外野
外野同士でパスを回してもOK。

内野
外野から投げられたボールを取った場合は、攻撃を遅くするためになるべく遠くへボールを投げ返す。

☀ PICK UP
ボールを投げたり飛んでくるボールをよけよう

ボールをよけたり、投げたりに慣れて、ドッジボールにつなげるあそびです。飛んでくるボールをよける動作は、運動能力を養うにはとても有効です。勝敗のルールはその都度、子どもたちと決めて進めます。

POINT
コートは円形または正方形で、可能な限り大きくすると運動量が増える。4〜5歳児には通常のドッジボールは重すぎてコントロールが難しいので、適当な大きさのソフト素材のボールを使う。

あそびのヒント 2 ドッジボール

用意するもの
- ソフトなボール（大きさはドッジボール程度）

2チームに分け、さらに各チームで内野と外野に分かれます。頭や顔への攻撃禁止など、ルールを決めておくこと。内野が全滅もしくは時間制限にして内野の数が多いほうが勝ち。

☀ PICK UP
チームに分かれて対戦しよう

5歳くらいになると、ボールの扱いにも慣れ、集団あそびが楽しくなってきます。広い場所を確保できたら、ドッジボールに挑戦を。2チームに分かれて、コートの大きさやルールを調整して。

POINT
白熱すると、ボールが当たった当たらないなどの場面が出てくるので、保育者は審判を担当。問題が起きたときは、子ども同士で話し合い、ルールを決めておく。

からだを動かすあそび 9

室内 | 3歳 | 4歳 | 5歳

的当てゲーム

きほんの あそび方
大小ある的を並べて、それを離れた場所からボールを投げて当てるあそびです。点数をつけた的で得点を競ったり、的をすべて落とすまでの時間をグループで競ったり、応用の利くゲームです。

用意するもの
- 的 ● 小さなカラーボールなど

的
段ボールや空き箱などで製作。大きさや倒れやすさなどに差をつけて、数多く作っておく。

POINT
的は、子どもの好きなキャラクターの顔でも何でもOK。数字を描いた的を使って得点を競ったり、的を当てたら手作りメダルがもらえるなどの賞品をつけても。鬼の的を作って「鬼退治ごっこ」にするなど、あそびのネーミングを工夫しても盛り上がる。

発達MEMO
狙ったところに投げられるよう繰り返すうちに、運動能力や空間認知力が育ってきます。

あそびのヒント 1 くっつきゲーム

用意するもの
- マジッククロス（マジックテープのオス面がつく布）またはフェルトで作った的
- マジックテープオス面をはったボール

あそびのルールは、的当てゲームと同様。壁に的を取り付け、適当な距離からボールを投げ、ねらったところにくっつけてあそびます。

POINT
的を倒さなくてもよいので、投げる力の弱い小さな子どもでもあそべる。子どもが興味を持つ的や、ボールを手作りして、投げるおもしろさを味わえるようにする。

※ PICK UP
的にくっつける
ダーツのように、ボールを的にくっつけるあそび。くっついた場所による得点を競ったり、ボールをくっつけていくことで図柄を完成させたりするあそびにしても楽しいです。

プラスアレンジ
まんじゅうパクパク！
鬼やブタなどの顔をかたどり、口を大きく描いた的を作ります。「鬼におまんじゅうを食べさせよう」と口の部分にくっつけていきます。口の中に入りきったら完成。チームに分かれてくっつく数を競っても楽しいです。

あそびのヒント 2 オリジナル的作り

段ボールや紙類などを使うほか、ペットボトル、プリンなどのカップ、お菓子の空き箱などさまざまな素材に挑戦しましょう。また空き缶を積んだタワー、プリンカップを山に積んだり、置き方も工夫するとあそびは広がります。

※ PICK UP
造形あそびをプラス
身近な素材を使って手作りの的を作りましょう。的のテーマを絞ると、アイディア次第であそびの世界が広がります。

2 からだを動かすあそび

あそびのヒント3 玉入れ

用意するもの
- 大小の箱複数
- ソフト素材のボール

箱の上下に穴をあけて貫通させる。箱によって点数をはり付ける。適当な高さのところに設置する。

完成 適当な距離に投球ラインを設置。順番に箱に向かってボールを投げ、ボールが箱の中を通ったら得点できる。点数の高い子が勝ち。

☀ PICK UP

下から上に投げる

箱やカゴに入るように、下からねらって上にボールを投げるあそびです。上手投げ、下手投げなど、投げ方を工夫し、どうやって投げたら入りやすいか、子どもに実体験してもらいましょう。

プラスアレンジ

団体で戦う玉入れ

玉入れを団体であそぶゲームです。お手玉サイズのボールと、ひとつの大きなカゴを用意し、チームみんなで投げ入れます。たくさん入ったチームが勝ち。

バスケットボールごっこ

同じように箱にボールを投げ込むあそびでも、ボールのサイズが大きくなると、バスケットボールごっこに。5歳児なら、箱を少し高い場所に設置したり、「球付き（ドリブル）10回してから投げる」など、バスケットをイメージさせるルールを付け加えてもおもしろいです。

あそびのヒント 4

サッカーごっこ

用意するもの
- 段ボールの箱を大小複数個
- ドッジボール

大小複数の箱に得点を描き、横に並べる。箱から数m離れたところにラインを引き、順番に決まった数のボールを投げ込み、得点の多い人の勝ち。

※ PICK UP

足を使った的当て

段ボールの箱にボールをけり入れるあそびです。ひとりで遊んでも、チームで得点を競っても楽しめます。

2 からだを動かすあそび

いっけぇ～!!

エイッ

POINT
ボールが入りにくい小さな箱は高得点にしておく。

発達MEMO
ボールをける動作は、身体バランスが取れないとうまくいきません。最初は箱との距離を短く、じょうずにけることができるようになったら、徐々に距離を長くしていきましょう。

PK戦ごっこ

プラスアレンジ

長方形に描いた陣地を2つ作り、2チームに分けます。各チーム1人ずつ、キッカーとキーパーを出します。キッカーは自陣から相手陣地にけり込み、ボールが通ったら得点。キーパーが防いだら得点なしです。得点の多かったチームの勝ち。子どものける力や、陣地の大きさによって、キーパーが複数人出るルールにしてもOKです。

からだを動かすあそび 10　　室外　3歳　4歳　5歳

風船バレーボール

きほんの あそび方

風船を使ったバレーボールごっこ。お友達とパスをつないで、相手コートに風船を返します。風船を返し切れなかったり、風船が床についたら、相手チームの得点になります。5人対5人くらいまでになるように、コートの大きさを決めましょう。

用意するもの

- 風船
- ネット（コート幅の平ゴムにスズランテープを付けてたらし、緑などのカラーテープで上部を補強して作ります。高さは子どもの身長くらいまでに）。

POINT

仲間同士のパスの回数や得点、勝敗の条件など細かい部分は、最初に子どもたちと決めておくこと。得点にこだわらず、ラリーを続けるだけでもOK。

発達MEMO

「○○ちゃん、打って」などお互いに声をかけ合うことが大切なゲーム。チームの仲間と協力し合う力が育ちます。

あそびのヒント 1

ひとりバレーボール

2 からだを動かすあそび

用意するもの
- 風船
- ひも（梱包用のヒモ、ゴムひもなど）

☼ PICK UP
"わたしの風船"が うれしい年ごろに

仲間とまだ協力プレーのできない3歳児には、ひも付きの風船を打つあそびを。"自分の物"がうれしい時期なのでひとり1個用意。ひとりで打って受け取ってを繰り返してあそびます。

1 膨らませた風船に適当な長さのひもを結び、手首に付けられるように、輪を作る。

2 子どもの手首に付けてあげる。風船を打ち上げ、落ちてくるところを受け取って繰り返しあそぶ。

POINT
風船の動きに従って移動できるようにある程度広い場所を確保。風船の大きさ、ひもの長さなど子どものようすを見ながら調節する。

発達 M E M O
風船はすぐに落ちてこないので、空中で打つという動作を繰り返すことができます。動く物を集中して見ることも大切。筋力や身体バランスの育ちにつながります。

幼児教育の知恵袋
きっかけがあれば、仲間はできる

「ひとりバレーボール」のように、ひとりでも、プレーヤーが増えても楽しいあそびは、仲間づくりのきっかけになります。例えば、引っ込み思案なタイプの子を「ひとりバレーボール」に誘い、いっしょにあそんでいれば「先生、わたしも」とほかの子が寄ってきます。そんな場面では、保育者が答えるのでなく、「○○ちゃんに聞いてみて」と引っ込み思案なタイプの子を押し出す返事をします。「○○ちゃん、入れて」「いいよ」「どうやるの？」「あのね……」というような会話を引き出すことができたらいいですね。

★ コラム ★
遊具あそび

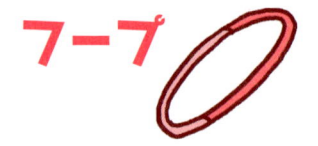

フープ

特徴 定番遊具のフープ。フープは回して遊ぶだけでなく、何かに見たたりしてさまざまな使い方ができるため、子どもに大人気の遊具です。

ひとりあそび

❶ まわす
落とさないように腰をじょうずに使って回します。回す時間や回す数を競ったりしてあそびます。

❷ 跳ぶ
縄跳び代わりに、両手でフープを持って、手首を使って回します。5歳児では跳びながら走れる子どもも。

❸ くぐる
フープを頭の上に持ち、手を離して、手やからだがつっかえないようにフープをくぐります。

複数あそび（いっしょにあそぼう）

❶ ケンケンパ
地面に円を描く代わりに、フープでもケンケンパを楽しめます。

❷ 電車ジャンケン
2人組みでフープに乗りこみ、ぶつかったらジャンケン。負けた組は、勝った組の後ろについてフープにつかまり、最後に残った1組が勝ち。

大縄跳び

特徴 みんなであそべる縄跳び。1人ずつ跳んでいったり、何人かでまとめて跳んだりして工夫しましょう。

ヘビ

地面の上で左右にクネクネと縄を振ります。クネクネは、最初は小さく振って、だんだん大きく振るといいでしょう。縄を踏まずに跳べたらOK。

おおなみこなみ

リズムに合わせて跳ぶあそび。みんなでいっしょに歌いながら楽しみます。このほか、『ゆうびんやさん』などもあります。

1 おおなみ こなみ

縄を左右に揺らす。

2 ぐるりとまわして

縄を大きく回す。

3 ねこのめ

「め」で縄をまたいで止まる。

POINT

4歳以上になると、跳躍力・敏捷性などが飛躍的に高まり、大縄を飛べる子が増えてくるが、跳べない子の場合は、跳べるように個々に合わせて縄を大きく回すように工夫します。

からだを動かすあそび 11

室内 ・ 3歳 ・ 4歳 ・ 5歳

すもう

きほんのあそび方

保育者が行司を務め「はっけよーい のこった!」を合図に相手と組み合い、相手のバランスを崩して倒したり、土俵から押し出したりしたら勝ち。お友達とのスキンシップを楽しみながらの、全身運動になります。「ひがし〜、○○ちゃん」などの名乗りから始めるほうが楽しめます。

用意するもの
- 土俵（正方形マット）
- 軍配（なくてもOK）

POINT

互いの力を思い切りぶつけあう「すもう」は、男の子、女の子問わず、好まれるあそび。対戦の組み合わせは、子どもの筋力や体格差を考慮しつつ決める。

軍配
ボール紙と割りばしで手作りすると本格的。

マット
マットの中央にしきり線になるテープをはっておく。

幼児教育の知恵袋

いつも負けてしまう子との勝負

「すもう」のように力の差がはっきりするあそびでは、なかなか勝てない子が出てきてしまいます。保育者がそういった子と対戦するとき、つい負けてあげてしまいたくなりますが、子どもは大人の「わざと負け」を鋭く感じ取り、プライドが傷つきます。力の弱い子との対戦では、子どもに十分に攻めさせ、「腕の力ついてきたね」など成長の見えるところを褒めつつ、最後は本気で勝ちにいきましょう。「本気を出した先生といい勝負をした」という手ごたえが、子どもの自信につながります。

あそびの
ヒント
1

両手ずもう

足をそろえて立ち、「はっけよい　のこった」で互いに手を押し合います。体のほかの部分に触れてはいけません。バランスを崩して足が動いたり、倒れたら負け。

✹ PICK UP
からだの大きさに関係なく勝負を

そろえた足は動かさず、両手の押し合いだけで勝負をつけるすもうです。からだの大きさに関係なく楽しめます。

POINT

立ち位置は、互いに軽く腕を曲げた状態で手のひらがくっつき合う距離が適当。子どもの体格によって調整する。力で押すだけでなく、フェイント技など、相手との駆け引きを楽しめるようになると盛り上がる。

あそびの
ヒント
2

ケンケンずもう

用意するもの
- マット（正方形）

片足を上げて取り組むすもう。上げている片足が下に着いてしまったり、土俵から出たら負け。

✹ PICK UP
バランスが取れるようになったら

片足を上げ、ケンケンしながら取り組むすもうです。手は自由に動かしてもいいですし、腕組みして体だけでぶつかり合ってもおもしろいです。

発達MEMO

体勢を崩しながらも持ちこたえようとすることでバランス感覚と筋力が育ちます。「左足勝負」と「右足勝負」と分けて取り組み、利き足を意識させることも。

プラスアレンジ
複数で戦おう！

1対1ではなく、4〜5人で土俵に上がり、最後まで残った人の勝ちという複数戦も盛り上がります。

2　からだを動かすあそび

コラム ★ 0〜2歳児向けの からだを動かすあそび

お友達よりも保育者とのあそびが楽しい時期

0〜2歳児は、お友達といっしょにあそぶよりも、ひとりあそびが主になります。保育者とのふれあいを感じるあそび、音を聞いたり、手触りを楽しむあそび、目と手や手と足を同時に動かすあそびなど、子どもの発達を促すあそびを取り入れていきましょう。

あそび 1 ボートこぎ

きほんのあそび方

保育者が長座し、脚の上に子どもを乗せます。手をつないで前へ後ろへ「ぎったんばっこん」と言いながら交互に揺れます。2歳児は、互いの足をくっつけ合う体勢にしてもいいでしょう。

POINT
「ボートだよ、お池にこぎ出したからね、アヒルさんがいるかな」などイメージを膨らませる。

プラスアレンジ

ひこうき
保育者は寝転んで両手足を上にあげます。手足の上に子どもを乗せ、子どもの手首をつかんで安定した位置で「ひこうきだよ、ぶーん」と揺らします。

ロボットあるき
2歳になって歩行が安定してきたら、向かい合う形で保育者の足の上に子どもの足を乗せ、手をつなぎ「1、2」のかけ声とともに歩きます。

あそび 2 もしもね（リズムあそび）

作詞・作曲　谷口國博

1. もしもね　もしもね
   もしも　てが　でんわだったら
   「もしもし」
2. もしもね　もしもね
   もしも　かたが　でんわだったら
   「もしもし」
3. もしもね　もしもね
   もしも　ひざが　でんわだったら
   「もしもし」
4. もしもね　もしもね
   もしも　あしのうらが　でんわだったら
   「もしもし」ちゃんだね　イエイ

❶ もしもね〜でんわだったら
体を左右に振る。

❷ 1番「もしもし」
手のひらを耳にくっつけて電話に見立てる。

❸ 2番「もしもし」
肩を耳にくっつけて電話に見立てる。

❹ 3番「もしもし」
ひざを耳にくっつけて電話に見たてる。

❺ 4番「もしもし」
足の裏を耳にくっつけて電話に見立てる。

POINT
1歳〜2歳児にぴったりなリズムあそび。足の裏は大人には難易度が高い技なので、「あれ〜みんなすごーい」と盛り上げる。

あそび 3 おいかけっこ

きほんのあそび方
小さなボールを転がし、子どもといっしょに「ボールまてまてまて〜」と追いかけます。ハイハイでも歩行でもできます。保育者が鬼のお面をかぶり、「捕まえちゃうぞ」と言いながら子どもを追いかけるだけでもOK。

POINT
ボールを遠くに投げないように注意。届くか届かないかのところに投げる。

★コラム★ こんなときどうすればいい？

Q&A

Q どんな運動あそびを設定すればいいのか、いつも悩みます。

A 子どものあそぶ姿の中に答えが見つかりますよ。

子どもの成長に合わせて工夫することがきほんですが、あそびは子どもといっしょに深めていくもの。同じあそびでも、子どものようすを見ながらルールを単純化したり複雑化したり、ストーリー性を持たせたり、さまざまな形に展開できます。常に新しいあそびを考えなくても、保育者があそびを考えるいちばんのヒントは、子どものあそぶ姿にありますよ。

Q 「○○やるよ〜」というと、「見学してる」とあそびに乗ってきてくれない子にはどうすればいいですか？

A 無理強いせず、違う役割をつくってようすを見ましょう。

特定の子どもが乗ってこないときは、無理にやらせるよりも、「じゃ、先生のお手伝いしてくれる？」といっしょに道具運びをやったり、審判をやったりするのもいいですね。自分が役にたっているという気持ちはとてもうれしいものです。少しずつ子どもの気持ちに近づいて、あそびに入れるチャンスをつくってください。

Q 『ラウンドチェーン』で、ペアがきれいに戻らないのですが……

A 2色の帽子を用意するとだれがまちがっているかがわかります。

2色の帽子を用意して、交互に同じ色をかぶせましょう。奇数の順番は白い帽子、偶数は赤い帽子というぐあいに色分けされるので、うまく回れていないペアがわかります。その子には近くでタイミングを知らせるといいでしょう。

Q あそびが途中でだらけてしまうのはなぜですか？

A ルール説明の仕方とあそびの内容に問題があるかもしれません。

ルールがよく理解できないままあそびが始まったり、その年齢には難しいあそびですと、だらけることが多いですね。あそびの内容が子どもの発達に合っているかをもう一度見直し、ルール説明では、子どもたちの目線でわかりやすい言葉を使うよう心がけてください。

3章

身近な素材を使ったあそび

おもちゃは与えるものでなく
自分たちでも作れるものとわかれば
自然と物を大事にする気持ちが芽生えます。
保育者も発想豊かに進めましょう。

佐藤先生からのアドバイス①

子どもの発達を生かして興味・関心を持つ造形あそびを

1 整理整頓で、子どもの発想をふくらませる環境を

「固い剣を作りたいから、新聞紙より広告がいい。青のテープでカッコよくするぞ」。子どもが考えたことをすぐ実現するには、"必要なときに・必要な材料を・必要なだけ選べる"環境が欠かせません。材料や道具は、教室内に専用の保管コーナーを設け、だれでも出し入れできるように分別しておきましょう。包装紙できれいに飾った段ボールや書類ケース、ワゴンなどを活用し、こまめに点検・整理を。整理じょうずなクラスは、製作じょうずなクラスです。

2 日用品を何に見立てられるかのイメージ訓練を

子どもの豊かなイマジネーションを共有できる保育者になるには、日ごろから自分の想像力を豊かに育てることが大切です。例えば1枚のレースから、お嫁さんごっこ、おばけごっこ、指人形の洋服、布はり絵など……。ひとつの素材から、どれだけ柔軟な発想ができるか、アイデアや発見を「ふりかえりノート」に書き留め、あそびのシミュレーションを重ねましょう。

3 子どもの発想を引き出すことばがけを！

できあがった子どもの作品に、いきなり「これはなあに?」「○○なら、もっとこうしたら?」といったことばがけは禁物です。何を作ったかすぐにつかめなくても、「わあ、きれいな色だね」「すごく不思議な形も、どうやって作ったの?」など、目の前の作品を認めていることが、子どもに伝わることが重要です。そのうえで、「これのお話、もっと聞きたいなあ」と会話を弾ませ、子どもが発想した世界を共有して楽しみましょう。

4 作る経過も作ったあとも造形あそび

造形あそびの目的は"作りあげること"だけではありません。作りながらどんどん広がっていく発想や驚きを、子ども自身が楽しみ、完成した作品をいじったり、飾ったりしてあそぶことまでを含めて、真の造形あそびといえるでしょう。「作っておしまい」に陥らないように、"どのようにあそぶか"という視点をいつも忘れず、楽しみ方のバリエーションを広げていきましょう。

佐藤先生からのアドバイス②

事前準備をしっかりし、保育者がまずやってみよう

1 適した材料や道具をそろえる

子どもの人数に十分な材料をそろえることはもちろん、道具の用意も大事なポイントです。手先がおぼつかない3歳児には刃先が丸いはさみを、凝った細工もしたい5歳児には繊細な長いはさみなど、扱う子どもの発達と目的に合った道具を選択しましょう。また、のりを使う際には、同時にお手ふきやのり下紙も用意するなど、道具を支える環境も整えることも大切です。

2 季節感や時期に合ったものを

保育者は思い描いたプランが手持ちの材料で実現できるかどうか、季節ごとに点検してみることが必要です。例えばおうちごっこするなら、季節が冬であれば、どんなおうちにしたくなるでしょうか？「こたつがほしいのに、厚い布がない」「雪を降らせたいのに綿がない」など、その時期だからこそやりたいあそびに注目し、必要な材料をそのつど補っていきましょう。

3 まず事前に保育者がやってみる

子どもたちは「楽しそう」と思えることに、乗ってきます。どんなにすてきなクリスマスツリーも、先生が必死な顔をしながら作っていては、だれも参加したくないでしょう。保育者は、子どもたちの前でやる前に、自分で実際に作品を作り、練り直して、自分のものにしておく必要があります。先生がウキウキと楽しみながら、余裕を持って作っている姿が、いちばん子どもを引き付けるのです。

4 指導ポイントや段取りを検討する

造形あそびは保育者と子どもとの共同作業です。①ひとりで作る子ども、②保育者といっしょに作る子ども、③作るところを見ていてあげる子ども、④保育者がメインで作り、できる部分に参加する子どもなど、状況はさまざま。作品アレンジや指導のポイントは、ひとりひとりの発達や経験によってこまやかに応じていきましょう。子どもがとまどうことなく進行できるよう、段取りの洗い直しも重要です。

身近な素材を使ったあそび 1

新聞紙

3歳 4歳 5歳

素材の特徴
新聞紙は年齢が低い子どもにも扱いやすく、折る、切る、破る、丸めるなど、応用範囲の広い素材です。大きな折り紙のようにあそぶほか、破ったり丸めたりするときの、ビリビリ・ガサガサいう"音"を楽しむこともできます。

あそびのヒント 1 　電車ごっこ

ごっこあそび

用意するもの
- 新聞紙
- ハサミ

新聞紙を半分に折って、中央に1人または2人の子どもが入れる大きさの穴を切り抜く。

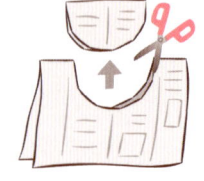

POINT
2人乗りなら新聞紙を広げて。1人乗りなら二つ折りの大きさがベスト。

✹ PICK UP
新聞紙を切ってみよう

新聞紙の電車に乗り込み、出発進行！　あっという間に作れて、遠足など屋外イベントでも盛り上がれる、活用範囲の広いあそびです。

完成　穴の中に入り、両手で新聞紙の端を持ったら、電車のできあがり。

ガタンゴトン〜

つぎは

こんなときにも
親子でわきあいあい！ 
保育参観のゲームに

新聞紙の電車ごっこは、保育参観のお楽しみゲームにもぴったり。穴を切り取る作業は、子どもの年齢に応じて保護者に行なってもらうか、見守りながら子どもにやらせるかを判断しましょう。電車のように何両もつながって走る、チームでリレーゲームをするなど、あそび方は自由自在。大人もいっしょになって楽しめます。

あそびのヒント 2 紙てっぽう

おもちゃ作り

用意するもの
- 新聞紙

> 先生、今日マジックするよ。新聞紙でみんなを驚かしちゃうからね〜。いくよ……

✶ PICK UP
新聞紙を折ってみよう

昔からある新聞紙あそびのひとつで、折り方はとってもシンプル。「パンッ!」という音が、小気味よく響きます。最初に完成品でやって見せて、子どもの注目を集めるのがコツです。

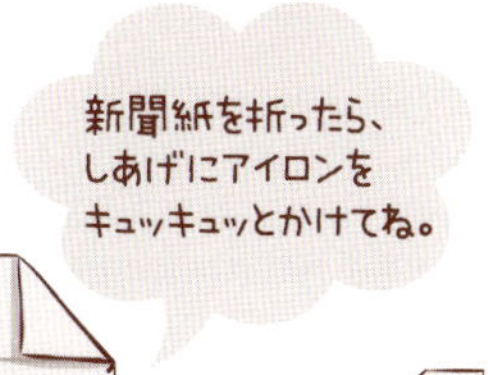

> 新聞紙を折ったら、しあげにアイロンをキュッキュッとかけてね。

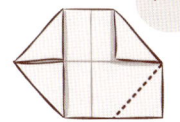

1 新聞の四隅を折る。

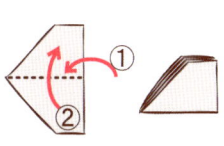

2 左右に半分折り、さらに上下に半分折る。

3 上下に折った部分を戻しながら、手を入れて袋を開く。

4 広げて折り、裏面も同じように折る。

5 1枚戻し、さらに半分折る。

6 できあがり。

持ち方

完成 6の★印を持って、勢いよく振り下ろすと「パンッ!」と音が鳴る。

3 身近な素材を使ったあそび

あそびのヒント 3 ヒーローごっこ

ごっこあそび

用意するもの
- 新聞紙
- 広告紙
- クラフトテープ
- ハサミ

※ PICK UP
新聞紙を巻いてみよう

新聞紙をくるくる巻くだけで、あっというまに最強の剣のできあがり！ 洋服には何が必要なのかを子どもに質問しながら作りましょう。

洋服にするには何がいるかな〜？

まずは頭を入れられないといけないね。

1 新聞紙を半分に折り、折り目に頭が入る大きさに半円切り取る。

POINT
ハサミは最初のひと切りを保育者が入れてあげると、子どもが切りやすくなる。

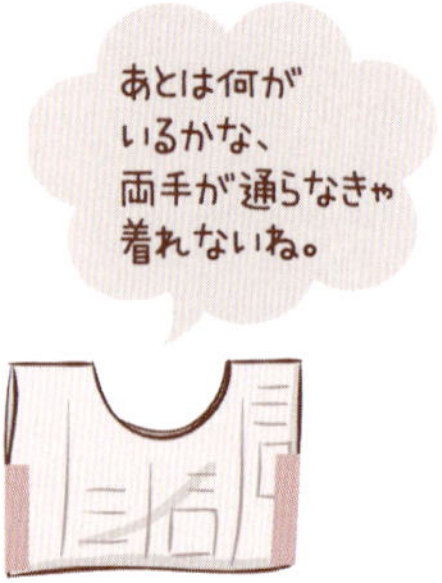

あとは何がいるかな、両手が通らなきゃ着れないね。

2 新聞紙を合わせて、両はじを腕が通る長さを残して、クラフトテープで留める。

3 好きな装飾をはったり、模様を描いたりし、背中部分の真ん中に切り込みを入れておくと、脱ぎやすくなる。

4 新聞紙または広告紙の紙を角からしっかり巻いていき、クラフトテープで留める。

完成

プラスアレンジ

紙袋で洋服を作ろう

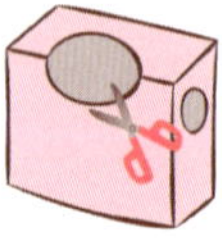

新聞紙よりがんじょうに作りたいときは、紙袋がおすすめ。袋の底に頭の穴、マチの部分に袖の穴をあければ完成！ 体の大きな子には、前中心線を切り開いてベストにすると、身幅に余裕が出て着られるようになります。また、新聞紙をカラーポリ袋に変えてもいろいろな洋服ができます。

合戦ごっこ

子どもの頭に入るサイズの正方形に切った新聞紙で、「かぶと」を折れば、若武者姿に早変わり。

あそびのヒント 4 音あそび

用意するもの
- 新聞紙

おもちゃ作り

※ PICK UP
新聞紙を破ったり、丸めよう

新聞紙から出る音も、りっぱなあそび道具です。思い切りビリビリ破く、一斉にガサガサ丸めるなど、おうちじゃできない解放感をたっぷりと！

3 身近な素材を使ったあそび

あれ〜、新聞がおしゃべりしているよ。みんなの新聞はどうかな？

クシャ クシャ

1 保育者が新聞紙を丸め、ガサガサする音をおもしろがるようすを見せる。子どもたちとガサガサクシャクシャと新聞紙の音でおしゃべりごっこをする。

あれ〜？今度はお歌をうたってるみたいだよ。

ガサッ ガサ〜♪ ちょうちょだー！

2 音を自在に出すおもしろさを子どもがつかんだら、「♪ガサッガサッガサ〜（♪ちょうちょ〜）」など歌詞に合わせて新聞紙の音を出したり、歌の中に音を盛り込んだりしてあそぶ。

あ、○○ちゃんのは先生より長〜いおしゃべりしているね。

ビリ ビリ

3 次に新聞紙を裂いて、①②と同じように音であそぶ。

POINT
新聞紙をクシャクシャにしたり、裂いたりするとき、やり方次第で長い音、短い音、ゆっくり出る音など、さまざまな音が出ることに、子どもたちが気づくよう工夫しよう。

わあ、どんどんビリビリしちゃおう！

4 最後にみんなで思い切りビリビリ裂いて、子どもたちの気持ちを発散させる。

あそびの
ヒント
5

プールごっこ

ごっこ
あそび

用意するもの
- ビニールプール
- ちぎった新聞紙

✵ PICK UP

ちぎった新聞紙であそぶ①

細かくちぎった新聞紙を水に見たてて、潜ったり、まき散らしたり、みんな大はしゃぎであそびます。ボールプールや落ち葉のプールなどと同様、子どもたちに人気のプールあそびです。

発達MEMO

3歳児では新聞紙をじょうずに裂けない子どももいます。保育者がいっしょに行いながら、指の使い方、力の入れ方などをあそびの中で伝えましょう。

POINT

新聞紙は薄くて軽い紙のため、クシャクシャにすると柔らかくなり、あそべばあそぶほど心地良いプールになる。

あそびの
ヒント
6

そうじきごっこ

ごっこ
あそび

用意するもの
- あそんだあとの新聞紙
- ビニール袋

子どもたちにビニール袋を渡し、「そうじき、スイッチオン！」などのかけ声でスタート。袋は各自に持たせても、何人かにひとつの大きな袋を渡してもOK。

✵ PICK UP

ちぎった新聞紙であそぶ②

ビニール袋を掃除機に見たて、散らばった新聞紙をどんどん袋に詰め込みましょう。楽しくってかたづけまでできる、一石二鳥のあそびです。

POINT

スピード感が楽しさの秘訣。ノロノロ動いてはおもしろさが半減するので、子どもがスピーディーに動くことばがけを。

あそびのヒント 7 ボールあそび

あそぶ

用意するもの
- ちぎった新聞紙
- ビニール袋
- 色ビニールテープ

ちぎった新聞紙であそぶ③ ✶ PICK UP

ちぎった新聞紙を袋に詰めて、ビーチボールみたいにポーン、ポーン。新聞紙のボールの軽くてほどよい飛びぐあいが、子どもたちにぴったりです。

1 ちぎった新聞紙をビニール袋を入れてギュッと締め、ボールを作る。

POINT
ビニール袋の大きさや新聞紙の量で、ボールの大きさ・重さが自由に作れる。子どもの運動能力に合わせて、あるいはあそぶスペースに応じて製作しよう。

2 色ビニールテープなどで、ボールを自由に装飾する。

POINT
年少さんはビニールテープをまだ自分で切れないので、あらかじめ色とりどりのビニールテープを切っておき、自由にはれるように下準備する。

プラスアレンジ 野球をやろう

新聞紙ボールをソフトボール大に作ります。バットは紙筒を芯にして新聞紙を巻きましょう。ボールが体に当たっても痛くないうえ、思い切り打っても飛びすぎないので、子どもが楽しくあそべます。

完成 お友達といっしょにポンポンとボールを飛ばしたり、投げたりしてあそべます。ボールを上に投げて何回手をたたけるか競っても楽しいです。

3 身近な素材を使ったあそび

身近な素材を使ったあそび 2

ペットボトル

3歳 4歳 5歳

素材の特徴
ペットボトルは透明であること、水や空気などを入れてもふたがあるから中身が漏れないことが、ほかの素材にはない魅力。その特徴を生かし、何かを入れる容器としても大活躍です。

あそびのヒント 1
宅配便屋さん

あそぶ

用意するもの
- 1.5～2ℓのペットボトル3本を布製テープで固定したもの

発達MEMO
物を持ちながら走るには、腕を振ることなく体のバランスを保ちながら移動する運動能力が必要になります。ペットボトルの大きさや本数は、子どもの体の発達に応じて選びましょう。4歳児になると、3本バラバラのまま抱えて走ることができます。

☀ PICK UP

ペットボトルの形状を生かそう

大きいペットボトルを宅配便の荷物に見たてます。さあさあ、急いで配達しましょう！

左右に分かれて、ペットボトルを交互に運んでいきます。次の走者に渡すときは「〇〇ちゃん、宅配便でーす」と声をかけます。

あそびのヒント 2 　虫カゴ

おもちゃ作り

3　身近な素材を使ったあそび

用意するもの
- 四角いタイプの1.5ℓのペットボトル
- 色ビニールテープ
- ひも

☀ PICK UP
ペットボトルの素材を生かそう

ペットボトルの透明性を生かして、虫カゴを作りましょう。ダンゴムシ、アリ、テントウムシ、さあ、何を入れようかな？

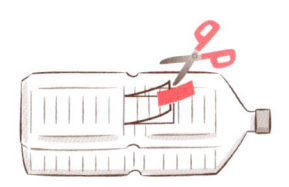

1 ペットボトルの一面に「コ」の字型に切り込みを入れて、出し入れ口を作る。ビニールテープをはって開け閉めができるようにする。

POINT
ビニールテープの先を二重にしておくとつまみやすく、フタの開け閉めがやりやすい。

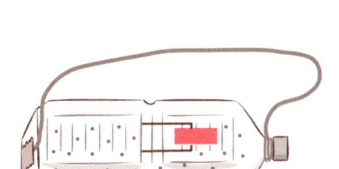

2 キリで空気穴をあける。ひもの端をペットボトルの首に結び付け、もう一方のひもの端は底面に布製テープなどでしっかりはり付ける。

完成

ダンゴムシがよく見えるねぇ。もう少し葉っぱを入れてあげようか。

プラスアレンジ
探検隊になろう！

せっかく虫カゴを作ったのなら、素早い虫を捕まえられる虫アミも欲しいもの。針金ハンガーを広げて、ビニール袋や台所用のゴミネットなどを取り付ければ虫アミの完成。首には双眼鏡（P.110）をさげて、帽子をかぶれば、気分は探検隊！

あそびのヒント 3　ボウリング

おもちゃ作り

用意するもの
- ペットボトル
- 色ビニールテープ
- カラーセロハン
- 鈴などの装飾に使うもの
- ボール
- 積み木

✷ PICK UP
ペットボトルの形状を生かそう

ペットボトルを色ビニールテープやセロハンなどですてきに飾ったら、あっという間にボウリングのピンに早変わりします。

1 ペットボトルが見やすくなるように、ビニールテープやセロハンなどで、自由に装飾する。

POINT
鈴を入れると倒したときに音が鳴って楽しい。

2 積み木でレーンを作り、ペットボトルを並べる。

完成 順番にペットボトルに向かってボールを転がし、倒した数を競ってもOK。

発達MEMO
年少さんは単純な的当てゲームとしてあそびます。ボウリングを理解できるようになった年中・年長さんは、ペットボトルを三角形に並べてピンに見たててあそびます。

プラスアレンジ
点数カードを作ろう
子どもたちがそれぞれ何本倒せたかを記録してあげましょう。「倒した数のシールをはっていこうね」と渡せば、やる気もアップ。楽しいあそびはていねいな下準備と工夫が作るものです。

あそびのヒント 4 シュノーケリング

おもちゃ作り

用意するもの
- 1.5～2ℓのペットボトル2本
- 布製テープ
- ビニールのひも
- プリンカップ2個

✸ PICK UP
ペットボトルの密封性を生かそう

ペットボトルのエアタンクを背負って、水の冒険に出かけよう！ フタをきっちり締めると空気が抜けない性質を生かします。プリンカップのゴーグルもおまけにどうぞ。

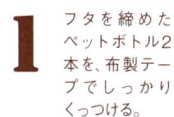

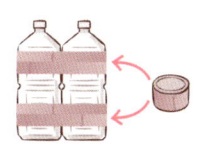

1 フタを締めたペットボトル2本を、布製テープでしっかりくっつける。

2 ビニールのひもを一方はフタに結び付け、もう一方は底に布製テープではり付けてタンクを作る。

3 プリンカップにビニールひもを結び付け、ゴーグルを作る。

プラスアレンジ
ラッコになろう

大きいペットボトルを1本抱えるだけでも、子どもは十分にからだが浮くことができます。あお向けにペットボトルを抱っこして、「ラッコごっこ」を楽しみましょう。

完成 プールの中に入ってプカプカ浮いてあそぶ。

3 身近な素材を使ったあそび

身近な素材を使ったあそび 3

牛乳パック

3歳 4歳 5歳

素材の特徴

軽くてじょうぶな牛乳パックは、創作あそびに大活躍の素材です。撥水性のあるシートがはってあるため、水に強く、表面はツルツル。中に新聞紙を詰めると、子どもが上に乗ってもつぶれないほど強度が増します。

あそびのヒント 1 船

おもちゃ作り

用意するもの
- 牛乳パック
- 布製テープ
- ハサミ
- 油性ペン
- 装飾素材

☀ PICK UP

牛乳パックの撥水性を生かそう

牛乳パックの水に強い性質を生かしたおもちゃです。木の実くらいの軽いものなら、載せても沈没しません。船室を加えたり旗を立てたり、楽しい工夫を広げましょう。

1 牛乳パックを縦半分に切る。

POINT 子どもに切らせる場合は、油性ペンで切る線を引いておく。

お船の先っぽは、お水が入ってこないようにぴったりくっつけようね。

2 パック上部の開け口を元のように閉じ、布製テープでしっかりはる。

3 船の側面にビニールテープをはったり旗を立てるなど、好きなように飾る。

完成 水の中に浮かせてあそびましょう。

あそびのヒント 2 スケート

おもちゃ作り

3 身近な素材を使ったあそび

用意するもの
- 1000mlの牛乳パック
- 布製テープ
- ハサミ

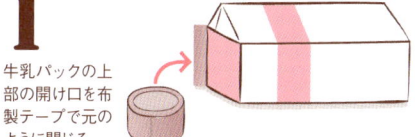

✹ PICK UP
牛乳パックの材質を生かそう

牛乳パックの表面がツルツルしていることから思いつきました。中には両手にはめて、滑る感覚をダイレクトに楽しむ子どももいます！

1 牛乳パックの上部の開け口を布製テープで元のように閉じる。

2 足を入れる穴を油性ペンで下描きしてから、ハサミで切り取る。

POINT
穴が大きすぎると、あそんでいるときに脱げてしまうので注意。

プラスアレンジ

靴やスリッパに
牛乳パックの先端を四角く折り込み、布製テープで固定すると、スリッパや靴に変身。おままごとの小道具におすすめ！

フィギュアスケートごっこ
スケート靴がそろったら、コスチュームを作ってフィギュアスケートに！カラフルなビニール袋でワンピースを作れば、あこがれのスケーターになりきってあそべます。

完成

幼児教育の知恵袋
牛乳パックの道具箱で 整理整頓

牛乳パックは、形が均一で、使い捨てできるという点で、道具箱にぴったり。適当な高さにカットして、ビニールテープやハサミなどの道具入れにしたり、縦にカットして引き出しや棚の間仕切りにも。そのほか、お手ふき入れ、残った素材入れなどにアレンジすると、使った道具をあるべき場所に納める「かたづけ習慣」を育てるのに役だちます。牛乳パックは、折り紙などで装飾すると子どもたちも大事に使います。

あそびのヒント 3 くるま

おもちゃ作り

用意するもの
- 牛乳パック
- 小さい空き箱
- 両面テープ
- 布製テープ
- 木工用などの接着剤
- デコレーション素材（色紙、色ビニールテープなど）
- 厚紙
- 竹ひご
- ストロー
- ペットボトルのフタ
- 市販のゴムタイヤなど

ブウーン、かっこいい、先生のくるますてきでしょ。

※ PICK UP
牛乳パックの形状を生かそう

牛乳パックを「ブブー」と走らせれば、たちまち車に見えてしまうのが子どもたち。保育者が楽しくあそんでいるのを見せて、意欲がわいてから創作に入りましょう。

ぼくもー！いいなぁ！

1 牛乳パックの開口部を布製テープやビニールテープで四角く閉じる。三角に閉じるとスポーツカーになる。

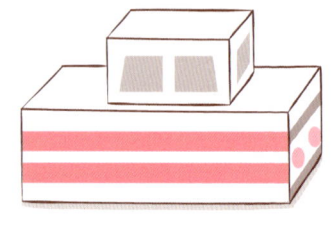

2 牛乳パックや空き箱で運転席を作ったり、折り紙やビニールテープなどで窓やライトを作ったりする。

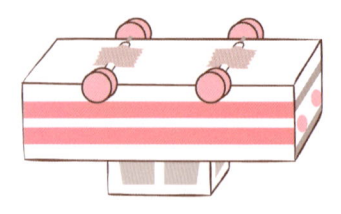

3 タイヤは子どもの発達や興味に合わせて選ぶ。牛乳パックや厚紙を丸く切ってタイヤにしたり、ストローに竹ヒゴを通して両脇にペットボトルのフタや市販のゴムタイヤをはめて、車体の裏側に布製テープではる。

POINT
赤、緑などカラフルなストローを使うと楽しい雰囲気に！ 布製テープはストローがガタつかないように、ぴったりはり付けましょう。

完成
ぶーん

プラスアレンジ
レース開催！

積み木でコースを作ると子どもたちは大喜び。3歳児は直線コース、4・5歳児はカーブがおもしろい楕円コースが楽しくあそべます。市販のゴム製タイヤはスピードが出やすく、耐久性もあります。

あそびのヒント 4 ジャバラ

おもちゃ作り

3 身近な素材を使ったあそび

用意するもの
- 牛乳パック（同じ絵柄のもの）
- 新聞紙
- 布製テープ

☀ PICK UP
牛乳パックの形状を生かそう

筒状にした牛乳パックをつなげていくだけ！ クネクネと形が変わるのを楽しんだり、何かに見たててごっこあそびに大活躍します。

1 牛乳パックの中に新聞紙を詰め、布製テープで開け口を平らに閉じる。

完成 家や船、しきりなど、いろいろなものに変身します。クルクル巻いていくだけでもおもしろい！

2 牛乳パックの片面にだけ布製テープをはって、どんどんつなげていく。

POINT
布製テープをはるときは、牛乳パックの高さをそろえること。仲間と協力してはると簡単にできる。

幼児教育の知恵袋
牛乳パックの取り扱いの注意

牛乳パックは中身が残っているとカビやニオイが発生してしまいます。パックの上部を開いてすみずみまできれいに洗い、完全に乾かしてから持ってくるように、イラスト入りのプリントを掲示するなどして、保護者にわかりやすくお願いします。500mlと1000mlのパックはいっしょくたにせず、分別して保存箱を用意しておくと、子どもが選び出しやすくなります。

身近な素材を使ったあそび 4

段ボール

3歳 4歳 5歳

| 素材の特徴 | 段ボールは大きいことがいちばんの魅力。箱の中に入れるだけで、子どもはワクワクします。クレヨンやポスターカラーなどで描くこともOK。大きいわりに軽いため、子どもが自分で持ち運べることも、ワクワクするポイントです。 |

あそびのヒント 1

おうちづくり

おもちゃ作り

用意するもの
- 段ボール箱
- ダンボールカッター
- 布製テープ
- 卵の空きパック
- 装飾素材（紙テープ、絵の具など）

どんなお窓がいいと思う？

☀ PICK UP

段ボールの大きさを生かそう

子どもが入れるような、丈夫で大型の段ボール箱使いましょう。大型テレビの梱包箱などがおすすめです。

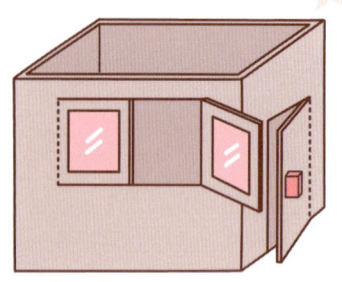

1 ダンボールカッターで切って、窓やドアを作る。窓枠を紙テープではったり、窓ガラスに色を塗ったりする。

注 段ボールを切るには、ギザギザ歯のダンボールカッターが切りやすく、安全です。年長さんなら最初の切り込みを入れてあげれば、自分でやりたがるでしょう。切ったり穴をあけたりするときは、「工事中は外に出てね」と箱の中に子どもがいないことを確認してから作業を。

完成

2 三角屋根や平屋根など、屋根を作る。大きな段ボールがない場合は何枚かつなぎ合わせてもOK。

あそびのヒント2 ままごと道具

おもちゃ作り

※ PICK UP
段ボールの形状を生かそう

四角い形をそのまま生かして、キッチンや家電製品を作りましょう！　ただし、テレビはブラウン管でなく薄型など、家にある形でなければ子どもはピンとこないので注意。

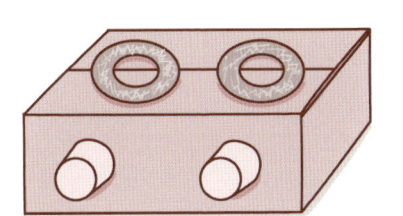

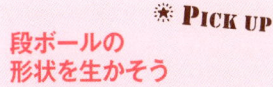

ガス台
段ボールで輪を作り、アルミホイルでくるむ。裏返した段ボール箱の上に置けば、ガスコンロのできあがり。IHクッキングヒーターの場合は、四角いアルミホイルをはり付ける。

テレビ
段ボール箱を四角い縁を残して切り取り、テレビ画面に見たてて透明セロハンをはる。テレビをつけるときは後ろ側から画面に登場し、消すときは黒く塗った段ボールを画面に立てる。

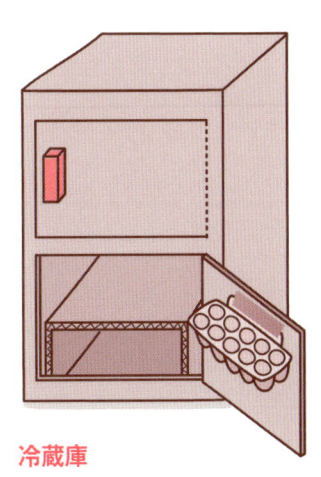

冷蔵庫
段ボール箱に冷蔵庫のように扉を作り、内側にも段ボールで棚板を作る。扉の裏表には卵の空きパックと持ち手を付ける。

幼児教育の知恵袋
材料集めのポイント

家や家具を作るには、家電製品用の固くてじょうぶな段ボール箱が適しています。ただ、なかなか個人では手に入りにくいので、日ごろから近所の電気店にお願いしておくといいでしょう。いただいた段ボールで作った子どもたちの作品は、お礼を兼ねて写真で見せるなどし、交流を深めることが大切です。地域とのつながりが、園の活動を支えます。

3 身近な素材を使ったあそび

あそびのヒント 3 ジェットコースター

あそぶ

用意するもの
- 段ボール箱
- 布製テープ
- 巧技台
- 巧技台専用のすべり台板
- マット

空き箱が壊れないように、布製テープで底などをしっかり補強する。

段ボールのじょうぶさを生かす
★ PICK UP

スリルたっぷりのジェットコースター！段ボール箱をそのまま使って、巧技台から滑りましょう。

POINT

巧技台のすべり台板の幅に入る箱を選ぶ。また、箱の中に実際に子どもを座らせてみて、ちょうどよい大きさの段ボール箱を選ぶことが大切。みかん箱くらいのものがよい。

ちゃんと座ったかな？準備OK？

注 箱の中に子どもがちゃんと座れたことを確かめるまでは、箱から手を離さないこと。

完成

巧技台で階段を作り、専用のすべり台の板をつなげマットを敷く。必ず保育者が立ち会い、ひとりずつ順番に滑らせる。

巧技台を組んだ子には試運転を
プラスアレンジ

巧技台は子どもたちで組み立てられます。準備を手伝った子どもには、「試運転をお願いします」といちばん最初に滑れるようにしてあげるといいでしょう。

あそびのヒント 4

スキーごっこ

おもちゃ作り

用意するもの
- 段ボール紙（厚手で固いもの）
- 布製テープ
- 段ボールカッター
- 巧技台
- 表面がツルツルの白い化学製の紙
- ラップの芯
- マット

☀ PICK UP
段ボールの材質を生かそう

厚い段ボール紙で作るスキーをはいて、教室のゲレンデをカッコよく滑りましょう！

3 身近な素材を使ったあそび

1
段ボール紙2枚をスキー板のように長方形に切る。板の前と後ろは丸みをつけて切り取る。

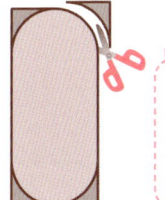

POINT
子どもの足より前後10cm足した長さに切る。

2
段ボール紙で、子どもの足が真ん中にくるよう、つっかけサンダルのような足入れを作り、スキー板に布製テープでしっかり固定する。

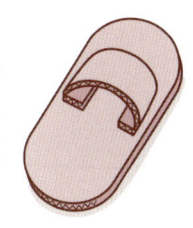

完成
巧技台を組み、白い化学製の紙をつなげ、順番に滑る。最初はラップの芯などを両手に持たせ、慣れてきたらそのまま滑らせる。

POINT
足入れ部分がスキー板から外れないように、保育者がしっかり固定すること。あそぶ姿をビデオ撮影し、観賞会を開くと喜ぶ。

プラスアレンジ
スノーボードやそりあそびも

スキー板を1本だけ広めに作り、足入れを2つにすると、スノーボードのできあがり。足入れをなしにして、つかめるようにひもを付ければ、ソリになります。

身近な素材を使ったあそび 5

3歳 4歳 5歳

紙筒・ストロー

素材の特徴

子どもはなぜか筒が好き。筒の中をのぞく・ポンポンたたく・コロコロ転がすなど、しぜんにあそび出します。ラップの芯や着物の反物の芯、トイレットペーパーの芯、ストローなど、さまざまなタイプがあります。

あそびのヒント 1

双眼鏡

おもちゃ作り

用意するもの
- トイレットペーパーの芯2本 ●セロハン
- 厚紙 ●ビニールテープ ●ひも ●色紙

※ PICK UP

紙筒の形状を生かそう

トイレットペーパーの芯は、同じ大きさや形のものがそろいやすい素材。2本ずつ組ませて作ります。

1 紙筒の片方にセロハンをはる。周囲に色紙をはり、双眼鏡らしくする。

POINT
無地のセロハンなら本物そっくりになりますが、カラフルなセロハンをはって色つきの世界を楽しんでも。シンプルに何も飾らなくてももちろんOK。

2 目の幅に合わせて厚紙で紙筒を固定し、目だたないようにビニールテープではり付ける。

プラスアレンジ

万華鏡作り

紙筒の片方にセロハンをはり、中に細かく切ったカラフルなセロハンやビーズなどを入れます。紙筒のもう片方には、丸いのぞき穴を切り取った画用紙をはれば、簡易万華鏡のできあがりです。

3 首かけ用のリボンや広めのひもをビニールテープではり付ける。

あそびのヒント 2 ／ シャボンだま

おもちゃ作り

3 身近な素材を使ったあそび

用意するもの
- ストロー ● 針 ● 固形せっけん ● おろし器
- お湯 ● 砂糖、はちみつ、お茶の葉など

☀ PICK UP

ストローの形状を生かそう

体格や発達に配慮し、子どもが扱いやすい太さのストローを選びましょう。シャボンだま液を吸い込まないように工夫を。

1 ストローの側面に針で直径5mmくらいの穴をあけ、先端に4〜5箇所切り込みを入れて、開く。

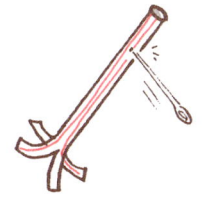

POINT
ストローに針穴をあけると、子どもが吸い込んでもシャボンだま液が上がりにくくなり飲み込むのを防ぐことができる。シャボンだま液は洗剤では作らないように。

2 固形せっけんをおろし器で削り、お湯で溶かしてシャボンだま液を作る。割れにくくきれいな色のシャボンだまを作りたいときは、砂糖やはちみつ、お茶の葉などを加える。子どもたちと何を入れたらいいか、実験をしながら進めると盛り上がる。

完成

ストローを口に入れたら、そ〜っと 優しく息を吹こうね。

プラスアレンジ ／ ビッグシャボンだまを作ろう

ペットボトルの底をカットし、特大ストローを作ります。上手に吹くと、子どもの顔よりも大きな、ビッグシャボンだまができますよ。これには、粘度のある市販のシャボンだま液を使うのがおすすめです。

身近な素材を使ったあそび ❻

紙コップ類

3歳 4歳 5歳

素材の特徴

撥水性がありながらデコレーションしやすく、空き箱と組み合わせて乗り物の運転席や動物の足など、部材としても大活躍！ カットすると均一の曲面が生かせます。伏せたときのカポカポいう音も楽しいですね。

あそびのヒント 1

糸でんわ

おもちゃ作り

用意するもの
- 紙コップ2個
- タコ糸
- 楊枝
- セロハンテープ
- 目打ち

✳ PICK UP
コップの形を生かそう

耳に当てると、あら不思議！ 周りの音が遮断されるのに、離れているお友達の声が近くに聞こえてきます。クスクス笑って、ないしょ話かな？

1 紙コップ底の中心に目打ちで穴をあけて糸を通す。

POINT
セロテープで糸をはり付けるやり方もあるが、糸を強く引っ張ると外れやすいので注意。穴をあける作業は保育者がやること。

2 糸に小さく切った楊枝を結び付けて、反対の糸の先にも同様に紙コップに通して結び付ける。

発達MEMO
3歳児では糸をピンと張った状態に保つのを忘れがちです。相手と向き合っておしゃべりすると、糸を意識しやすくなります。

「糸をピーンと張ると、○○ちゃんのお話が通じるからね。」

「もしもし」
「あのね」

完成
糸をピンと張れる距離まで離れて、お話ししてみよう。

あそびのヒント 2 高く積もうゲーム

あそぶ

用意するもの
- 紙コップたくさん

紙コップをたくさん用意し、どこまで高く積めるか、みんないっせいに、よ〜いドン！「10数えるうち」など、時間を区切ったり、チームに分かれて順番に紙コップを積んでいくのもおもしろい。

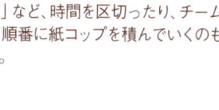

☀ PICK UP
紙コップの特徴を生かそう

軽い・持ちやすい・均一性という紙コップの特徴を、そのまま遊びに生かします。

発達MEMO

「どんなふうに置いたら高く積めるかなあ」。子どもたちは紙コップの並べ方の構成、バランス、手を離すタイミングなど、あそびの中から、さまざまな気づきを得ていきます。

あそびのヒント 3 楽器作り

おもちゃ作り

用意するもの
- 透明のプラスチックのコップ2個
- 音が鳴る物（鈴、アズキ、木の実など）
- キラキラテープ
- ビニールテープ

☀ PICK UP
プラスチックコップの特徴を生かそう

シャンシャン、カラカラ音がする手作り楽器です。透明のプラスチックコップは振るたびに中身の踊るようすが見えて、気持ちが弾みます。素材による音の違いを楽しみましょう。

1 透明のプラスチックコップの中に鈴、ビーズ、アズキ、木の実など音の出るものを入れる。

2 上からもう1つのコップをかぶせ、ビニールテープではり合わせる。コップの周りにキラキラテープを飾ったり、絵を描いたりして好きに装飾する。

完成 音楽に合わせてコップを振って、音楽家気分を味わいましょう。

3 身近な素材を使ったあそび

身近な素材を使ったあそび 7

葉っぱ・木の実

3歳 4歳 5歳

素材の特徴
自然の恩恵である葉っぱ、木の実、花などは、その時期にしか手に入らない貴重なもの。楽しいあそびの思い出が、季節の移り変わりを感じる心を育てます。かわいらしい形を生かしたあそびにも挑戦しましょう。

あそびのヒント 1　葉っぱ手帳

作品

用意するもの
・葉っぱ　・無地のノートなど　・クレヨン

☀ PICK UP
葉っぱの思い出を残す
気に入って取った葉っぱを、そのまま枯らしてしまうのはもったいない！ 専用のノートを作って、色や形を写し取ってあそびましょう。

1 葉っぱをきれいに広げた状態で、ノートに挟む。

注 小さな葉っぱを数枚いっしょに写し取りたいときは、重ならないように並べてあるかを確認しましょう。

今日はクレヨンは横にねかせて塗るよ。やさしくこすってね。

2 好きな色のクレヨンで紙の上を滑らせるように塗ると、葉っぱの形や葉脈が浮かび上がる。

プラスアレンジ
押し花手帳
片ページに葉っぱや花を重ならないように置いて挟みます。厚い本などのおもしを乗せて数日置くと、押し花ができます。

POINT
折れてしまったクレヨンや短くなったクレヨンを、あらかじめ試し塗りをしておき、子どもたちが横に持って塗りやすいように準備しておくこと。ノートはホチキスで留めた手製でOK。

完成

あそびのヒント2 パーティーごっこ

ごっこあそび

3 身近な素材を使ったあそび

用意するもの
- カラフルで大きなビニール袋
- 葉っぱ・花・木の実・種など
- ビニールテープ
- 画用紙
- 厚紙
- 安全ピン
- リボン
- 布製テープ
- 針
- 糸
- キリ
- ハサミ
- ホチキス
- 紙袋
- セロハンテープ
- 木工接着剤

✳ PICK UP
木の実の形を生かそう
葉っぱや木の実で、ドレスアップ！ 完成した作品を組み合わせて、さらに楽しい「ごっこあそび」へと展開していきましょう。

かんむり
長方形に切った画用紙を頭のサイズの輪っかにしてホチキスで留める。葉っぱや木の実などで飾る。

ベスト
紙袋のベスト（P.94参照）に葉っぱや木の実などを飾る。

ブローチ
厚紙の裏に布製テープで安全ピンをしっかりはる。表は葉っぱや花、木の実やタネを木工用接着剤でくっつける。

指輪
モールで指輪を作り、花や木の実、タネなどの飾りを木工接着剤でくっつける。

ネックレス
ドングリなどの木の実にキリで穴をあけ、針に糸を通して、ドングリをつないでいく。木の実は乾燥すると固くなるので、拾ったらすぐに作業する。

フレアスカート
カラフルで大きなビニール袋の底をウエストが入る幅に切り開き、AとBでギュッと絞ってチョウ結びにする。花や葉っぱ、木の実などで飾る。

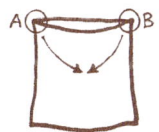

ワンピース
カラフルで大きなビニール袋に、頭と手足が通る穴をあけて、葉っぱや花をセロハンテープではって飾る。ウエストを布製テープなどでギャザーを寄せて絞る。

ファッションショーでお披露目　プラスアレンジ
保育参観などでもおすすめ。子ども以上に保護者が夢中になっている姿がよく見られます。製作後は全員でファッションショーを楽しみましょう。BGMもアップテンポの盛り上がるものを！

身近な素材を使ったあそび 8

毛糸・ひも

3歳 4歳 5歳

素材の特徴
さまざまな色や材質がそろう、毛糸やひも。大人には平凡に見える素材ですが、子どもたちは芸術的なセンスを発揮して楽しみます。年中さんからは指編みなどにも挑戦できるようになり、指先の刺激におすすめです。

あそびのヒント 1　あやとり

おもちゃ作り

用意するもの
- 太めの毛糸

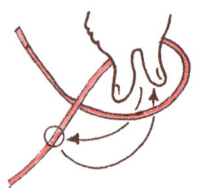

※ PICK UP
編み物をやってみよう

指先を使うことで脳も刺激され、集中力アップにもつながります。少し太めの毛糸が編みやすいようです。

1 輪を作り、上から親指とひとさし指を入れて長い毛糸をつまんでくぐらせる。

2 そのまま引っ張って片ちょう結びを作る。毛糸のしっぽは30cmほど取っておく。

POINT
失敗したら、毛糸の端と端を横に引っ張れば簡単にもとに戻せる。

3 できた輪に親指とひとさし指を下からくぐらせる。

4 長いほうの毛糸をつまんで引っ張る。

5 くさり編みができる。

6 ③〜⑤を必要な長さまで繰り返す。

完成

発達MEMO
弱く編むと編み目も緩くなり、強く引っ張りすぎると編み目が固くなりすぎるなど、ちょうどいい手加減を経験によって学ばせるには絶好の機会です。

あそびのヒント 2

指ぬきマジック

あそぶ

3 身近な素材を使ったあそび

用意するもの
- ひも

☀ **PICK UP**

ひもの結び方を生かそう

一見絡まって見えるひもも、結び方や編み方で簡単に元どおり。子どもたちには1本のひもがミステリアスに見えてきます。

1

「たいへん、見て見て！先生の指にひもがこんがらがっちゃって抜けないよ。」

POINT
おおげさに見せて、困ったようすで子どもたちの関心を引く。

2

「〇〇ちゃん、取ってくれないかな？」

POINT
いつもせわしない子、輪に入れないでいる子などを助手に抜擢するとよい。

3

「先生の指に息をそっと吹きかけたら、このひもをゆっくり引っ張ってね。」

すごーい

POINT
助手役の子は、周りの子どもたちから「すごーい」と注目を浴びることも。

1 親指にひもを掛ける。

2 ひとさし指で、手前のひもの下をくぐり、奥のひもをつまんで引き出す。

3 ひとひねりして、ひとさし指に掛ける。小指まで同様に繰り返す。

4 親指のひもを外し、小指側の手前のひもを静かに引っ張る。

あそびのヒント 3 リリアン編み

作品

用意するもの
- 固めの紙筒
- クギ5本
- 太めの毛糸
- かぎ針
- 布製テープ

☀ PICK UP
編み物をやってみよう

リリアン編みは単純な作業の繰り返しのため、コツコツタイプの子どもに人気があります。糸の太さとクギの長さのマッチングが、やりやすさの決め手。何度か試して、ちょうどよいバランスを工夫してみましょう。

1 紙筒にクギを星形の位置に布製テープではり付けて、筒の真ん中に毛糸をたらし、毛糸の先を筒の外側に布製テープではり付けて固定する。

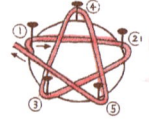

2 ①〜⑤の順に毛糸をクギに引っ掛けていく。

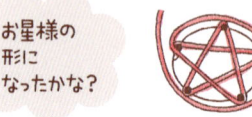

お星様の形になったかな？

3 かぎ針で毛糸を下にギュッと押しつけ、毛糸を1周させる。

だんだんクモの巣になっていくよ〜

4 かぎ針で、星形に掛けた糸をすくって、そのままクギの上に引っ掛け直す。②〜④を繰り返す。

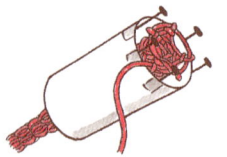

5 編み終わりは、残った毛糸をクギに掛かっている目のひとつひとつ通し、1本ずつクギから外していく。

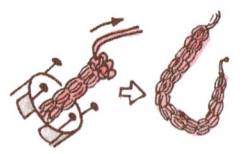

完成 そのままそっと引き抜いて、毛糸を絞って先端をすぼませてから結ぶ。

注 周囲の子どもとぶつかったりしない安全な環境を整える。

幼児教育の知恵袋

作品は大切に飾りましょう

造形あそびは、「作っておしまい」ではなく、「使って楽しい・飾ってうれしい」ものであるように、作ったあとの喜びへつなげていくことが大切です。そのためには、部屋の壁にフックを付けておいたり、いつでも自由に使える棚を準備しておくなど、作品を飾れる空間をキープしておくこと。せっかく子どもたちの作品を飾っても、周囲がごちゃごちゃしていては、作品が映えませんね。

あそびのヒント 4 — インテリア

用意するもの
- 板
- クギ
- さまざまな毛糸やひも

1
板にクギを適当に打つ。

POINT
赤や白などペイントした板を使うとモダンな雰囲気に。

作品
☀ **PICK UP**

色と線の美しさを楽しもう①

さまざまなひもと板を使って、壁飾りを作りましょう。偶然できた模様や意図的なデザインなど、ひとりひとりの子どもの個性が作品に輝きます。

2
色とりどりの毛糸やひもをクギに引っ掛けていき、模様を作る。

完成

あそびのヒント 5 — シャンデリア

用意するもの
- 紙コップ
- きれいな色のひもを何色か
- 大きめのビーズ
- ハサミ

1
紙コップに何か所か切り込みを入れ、ランダムにさまざまなひもを渡していく。

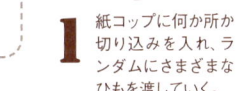

作品
☀ **PICK UP**

色と線の美しさを楽しもう②

作品ができあがったら、透明の釣り糸で壁からつり下げて飾りましょう。下から眺めると、「わあ、きれい!」。ロマンチックなシャンデリアがいっぱいに。

2
紙コップの底に小さい穴をあけ、釣り糸を通して先端にビーズを結ぶ。

完成

3 身近な素材を使ったあそび

身近な素材を使ったあそび 9

砂

3歳 4歳 5歳

素材の特徴

サラサラしてる砂が、山やトンネルに姿を変える不思議さ。砂は子どもにとって興味の尽きない、手ごたえある存在です。どんなふうにあそんでも元どおりになる可塑性が、砂あそびの重要な要素。使ったあとはきれいにならし、清潔を保ちましょう。

あそびのヒント 1

ビッグケーキ

あそぶ

用意するもの
- 砂 ・タライ ・水
- デコレーション素材
  （木の実、草、花、ボール、ビー玉など）

※ PICK UP

砂の特性を生かそう

小さなカップで作るケーキは、子どもたちもお手のもの。だけどこんな大きなサイズは、保育者でなければできません。子どもたちが大興奮する、ビッグケーキのプレゼントです！

1 タライに砂入れ、水で湿らせてすき間なく詰める。

POINT
水が多すぎるとドロドロになり、少ないと固まらない。水の分量を加減する。

2 板を乗せ、何人かで板を押さえながらタライをひっくり返す。タライをそっと取ると、ケーキのできあがり！ 2段、3段と重ねて木の実や花、ビー玉などでおいしそうに飾る。

完成

あそびのヒント 2

パノラマ作り

作品

3 身近な素材を使ったあそび

POINT
あそんだあとは、手足をよく洗おう。ひじやひざ上など、子どもが洗いにくいところは保育者が手伝い、同時に子どものからだのようすをチェックする。

✷ **PICK UP**

砂の特性を生かそう

砂場を大胆に使って、パノラマを作りましょう。作りながらどんどん変わっていく風景に、みんな夢中です。

山

ヨットレース
パイプに水を流して、葉っぱの競争を。

火山
水を満タンに入れたパイプを山から引き抜くと、砂と水が飛び出す。

森林
葉っぱを集めて敷く。

川

湖
山を作っている子のわきにできたくぼみをさらに掘る。

トンネル

★ コラム ★
素材を作る1

小麦粉粘土

小麦粉に水を加えると、もちもちの小麦粉粘土ができあがります。造形あそびは、子どもが実際に作り始める前の段取りと、演出が成功の秘訣！あそびの素材・小麦粉粘土を例に、粘土あそびへの誘導を考えましょう。小麦アレルギーの子どもは注意を。

用意するもの
- 小麦粉1kg
- 水500ml ペットボトル1本
- ボール、台拭きなど

わくわくクラス

導入
先生、今日はお料理しちゃうよ。

❶料理＝おいしい、楽しいという印象を与えることができます。必要なものをすべてそろえてから、注目を集めましょう。料理番組の音楽を流してもOK。

作成
○○ちゃん手伝ってくれる？そこのお水を入れてくれるかな？

❷注意がそれやすい子どもに手伝いを頼みます。この子が集中して参加すれば、ほかの子は落ち着いて先生の手元を見ていられます。

完成
ほら、あっというまにできた！

❸小麦粉に対し適量の水をあらかじめ用意するので失敗がなく、短時間で完成できます。時間がかかると、子どもは飽きて関心を失います。

あそびへの導入
ああ、気持ちいい～ね さあ、何作ろうか？

❹みんなで一体感を味わってから、次のステップへ。先生と自分たちがいっしょに作ったという満足感をもって製作活動に入れます。

あそび方

ひとりひとりに配って粘土あそび。好きなものを自由に製作しましょう。食紅・食黄・食緑色を加えるとカラフルな粘土になります。

保存方法

小麦粉粘土はひとまとめにしてラップで包み、冷蔵庫で保管します。3日間程度は保存可能ですが、あそぶときの手の汚れ具合にもよります。においや色の変化に注意しましょう。

🍞 おろおろクラス

さあ、みんな今日は小麦粉粘土であそぶよ。

こむぎこねんどってなに？
さあ

❶ 子どもたちは「こむぎこねんど」という言葉が理解できず、その手がかりも与えられません。どんな態度でいたらいいのかとまどってしまいます。

ここに小麦粉とお水を入れてこねます。あれ、お水足りないなぁ……

え!?
ねー先生それなに

❷ 子どもたちが関心を抱き始めたのに、保育者が作るのに夢中ではいけません。

もうちょっと待ってね……

あっちぃこー

❸ 小麦粉粘土の完成に時間がかかりすぎ、子どもの関心が薄れてしまいます。関係ないことを始めたり、どこかへ行ってしまう子も。

あっ、○○君、だめよ、粘土するのよ！
ああ、手がべとべとで行かれない……

❹ 待っている子も、興味をなくした子も、どうしていいかわからず、困惑してしまいます。造形活動にも興味を失ってしまいます。

3 身近な素材を使ったあそび

★ コラム ★
素材を作る2

フィンガーペインティング

指や手のひらなどで直接絵の具に触れて楽しむあそび。絵の具が作り置きできないため、当日朝早い時間に保育者が準備し、子どもがやけどをしないように十分に冷まして使います。小麦アレルギーの子どもは要注意。

材料（1色分）
- 小麦粉…1kg
- 水……2ℓ
- 粉せっけん…少々
- 絵の具…1本
※鮮やかできれいな色を

作り方
1. 鍋に小麦粉と水500mlを入れ、ダマにならないようにかき混ぜながら、10〜20分くらい弱火にかける。
2. 残りの水を足しながらヘラでかき混ぜ続け、ホットケーキの緩めのタネくらいになったら、粉せっけんを入れてさらによく混ぜる。
3. 火を止めて、絵の具を加えてよく混ぜる。
4. 肌に付けても熱くないように、常温で冷ます。

POINT
焦げるといやなにおいと色になり使えなくなるので、火加減に注意する。粉せっけんを加えるのは、かたづけの際に絵の具をふき取りやすくなるから。入れなくてもOK。

完成

\お花だよ/　\わあ/

できあがった絵の具はお玉ですくって、ツルツルしたテーブルの上に直接配ります。両手でかき回したり、絵を描いたりしてあそびます。描いた絵は絵の具の上に、画用紙をかぶせて、そっとはがすと作った絵が写し取れます。

POINT
両手を使ってかき回すだけでもストレス発散になり、楽しめる。

★コラム★ 0〜2歳児向けの 身近な素材を使ったあそび

保育者がおもちゃを作ろう

0〜2歳児には、まだ何かを作ることはできません。保育者が作ったものを楽しみます。まだひとりあそびなので、人数が多いときは、ひとり1個渡るように作りましょう。五感を刺激できるようなおもちゃを作るよう、心がけましょう。

あそび1 ティッシュペーパー

不要になった裏紙などで半分に折った紙を交互に重ね、ティッシュペーパーの空き箱に詰めます。1枚引っ張れば、次々と出てくるティッシュペーパー箱の完成。1、2歳児は引っ張る力はあるので、夢中であそびます。

POINT
箱に合わせて、紙の大きさを調整。使ったら再度畳んであそべる。

あそび2 楽器あそび

プリンカップを2個用意し、鈴やアズキ、木の実など、音が鳴るものを中に入れて、布製テープなどで口を合わせて締めます。それを転がしたり、投げたりしてあそびます。

POINT
まずは保育者がやって見せて関心を持ってもらう。なるべくはっきり音が鳴るものを使ったほうがよい。

おわりに

　幼児期の教育は、生涯にわたる人格形成の基礎を培う重要なものであり、この時期に子どもが質の高い幼児教育を受けることは、その心身のすこやかな成長にとって重要な意味があるといわれています。

- 幼児期にふさわしい生活が展開されるようにすること
- あそびを通しての総合的な指導が行なわれるようにすること
- ひとりひとりの特性に応じた指導が行なわれるようにすること

　幼児教育が目ざしているものは、幼児がひとつひとつの活動を効率よく進めるようになることではなく、幼児がみずから周囲に働きかけて、その幼児なりに試行錯誤を繰り返し、みずから発達に必要なものを獲得する意欲や生活を営む態度や、豊かな心をはぐくむこと、つまり保育者主導の一方的な保育の展開ではなく、ひとりひとりの幼児が保育者の援助の下で主体性を発揮して活動を展開していくことができるような幼児の立場にたった保育展開が大切です。
「おもしろそう、ぼくもやりたい！」「不思議だな、どうしてだろう？」「今日は楽しかったね、また明日も続きをしようね」「先生見て見て、ぼくが作ったんだよ。かっこいいでしょう」など……。
　保育者は、子どもたちの生活する姿をとらえ、子どもが何に興味や関心を持っているのか、何に意欲的に取り組んでいるのか、何にとまどっているのか、お友達といっしょに夢中になってあそんでいる姿や表情、言動、状況場面などがから察知し、幼児理解をしながら、幼児に必要な体験となるように援助していくことが大切だと考えます。
　保育者にとって、子どもを理解することはクラス経営の原点であり、ひとりひとりの生活や発達を見通した指導の計画をたてるうえで、もっとも重要な視点であると考えます。
「子どもの気持ちはわかったけれど、具体的にどんな援助をすればよいのか」「今の援助でよかったのか」「どんな活動や教材、あそびをすれば

よいのか」「今日のけんかのことを保護者にどのように話せば、理解してもらえるのか」など……。

　園長先生や先輩保育者に、「何でもわからないことがあったら聞いてね」「困ったことがあったら、ひとりで抱え込まないで早めに相談してね」そうなのです！　何でもひとりで解決しようとして、かえって問題が出てきたりすることがあるのです。

　そこであなたの大切な「引き出し」の中に、学んだことを増やしていきましょう。

- **子どもたちとの生活の中から学んだこと**
  （保育者の振り返りと明日に向けての計画）
- **保護者との対応を通して学んだこと**
  （保護者理解、説明責任、コミュニケーション）
- **職場の上司や先輩、同僚から学んだこと**
  （信頼感、自己表現力、相互理解力）
- **教材研究、幼児理解で学んだこと**
  （保育のレベルアップを目ざした資質能力への向上心、子どもへの深い愛情、保育を見る目、感じる心、新鮮なアイデア）
- **フリーの引き出し**
  （自分自身を高める趣味や、心ときめく人とのふれ合い、心もからだも充実感や躍動感の持てる充電期間、自分磨きの引き出しの充実）

　40年間の幼稚園教師を経て、今、幼児教育を学生と楽しみながら学ぶ私の、星の数ほどある失敗経験から学んだ「保育の宝箱」の中身をどうぞご覧ください。

　　　　　　　　　　　　　　　　　　　　　　　　　佐藤　暁子

STAFF

- **取材協力／**
遠藤多美枝・上村清香
- **イラスト／**
いとうみき・すみもとななみ
タカノキョウコ・町田里美
八巻昌代
- **本文デザイン＆DTP／**
木村陽子（株式会社フレーズ）
- **執筆協力／**
中田ひとみ・樋川淳代・米原まゆみ
- **楽譜浄書／**高橋将
- **編集制作／**株式会社童夢
- **企画・編集／**安藤憲志
- **校正／**堀田浩之

著者
佐藤暁子

保育現場に長年携わり、幼保連携園・こども園の立ち上げにもかかわりつつ、保育者の養成に尽力している。

元・東京家政大学 教授
元・東京家政大学附属
　みどりヶ丘幼稚園　園長
ナースリールーム　室長
東京家政大学大学院　客員教授

本書のコピー、スキャン、デジタル化等の無断複製は著作権法上での例外を除き禁じられています。本書を代行業者等の第三者に依頼してスキャンやデジタル化することは、たとえ個人や家庭内の利用であっても著作権法上認められておりません。

ハッピー保育books⑪
保育者がまず身につけておきたい
基本の遊びと広げ方

2011年7月　初版発行
2024年11月　6版発行

著　者　佐藤暁子
発行人　岡本　功
発行所　ひかりのくに株式会社

〒543-0001　大阪市天王寺区上本町3-2-14　郵便振替00920-2-118855　TEL.06-6768-1155
〒175-0082　東京都板橋区高島平6-1-1　郵便振替00150-0-30666　TEL.03-3979-3112
ホームページアドレス　https://www.hikarinokuni.co.jp
＜JASRAC 出1107636-406＞

印刷所　大日本印刷株式会社
©2011　乱丁、落丁はお取り替えいたします。

Printed in Japan
ISBN 978-4-564-60791-2
NDC376　128P　18×13cm